HORIZONTE DE RIQUEZA

la era de Inteligencia artificial (IA)

Edimilson Franca

HORIZONTE DE RIQUEZA

la era de Inteligencia artificial (IA)

INTRODUCCIÓN:

Vivimos un momento revolucionario en la historia de la humanidad, donde la tecnología está remodelando prácticamente todos los aspectos de la sociedad. Entre las diversas innovaciones tecnológicas, una destaca por su inmenso potencial de impacto: la Inteligencia Artificial (IA). Si antes la inteligencia artificial parecía restringida a la ciencia ficción, hoy es una herramienta tangible, accesible y transformadora, especialmente cuando hablamos de oportunidades financieras. La IA se está convirtiendo en un motor para la creación de riqueza, democratizando el acceso a innovaciones que, hasta hace poco, eran exclusivas de las grandes corporaciones o las élites económicas. Ahora, cualquiera con determinación y creatividad puede explorar su potencial para hacerse rico.

La IA no es solo una tecnología que deben adoptar las grandes industrias, sino una plataforma que permite a la gente común innovar y prosperar en nuevos mercados. Su aplicabilidad va mucho más allá de los robots o los sistemas automatizados; está presente en nuestra vida diaria de maneras sutiles y sorprendentes, desde los algoritmos que sugieren nuevas películas en streaming hasta los asistentes virtuales que responden preguntas con precisión casi humana. Empresas e individuos de todo el mundo están aprovechando estas capacidades para generar fortunas. La revolución digital ofrece la oportunidad de crear riqueza de forma asequible, rápida y, a menudo, con bajos costos iniciales.

SAM ALTMAN Y EL PODER DE LAS STARTUPS DE IA

Un ejemplo emblemático de esta revolución es Sam Altman, director ejecutivo de OpenAI, quien se ha convertido en una figura central en el desarrollo y difusión de la IA. Fundada en 2015, OpenAI comenzó con una misión clara: garantizar que la IA beneficie a toda la humanidad. Sin embargo, a lo largo de los años, la organización también ha demostrado cómo la IA puede generar un inmenso valor financiero. Altman, que también es uno de los fundadores de Y Combinator, ya estaba involucrado en el mundo de las startups, pero con OpenAI creó un puente entre la innovación tecnológica y la generación de riqueza. Sus plataformas, como ChatGPT, han transformado la forma en que las empresas y los individuos interactúan con la tecnología, facilitando la automatización de tareas, optimizando las operaciones comerciales y permitiendo a los emprendedores acelerar el crecimiento de sus negocios.

La gente común también se está beneficiando directamente del trabajo de Altman y OpenAI. Miles de emprendedores, autónomos y creadores de contenido utilizan la IA para generar artículos, optimizar anuncios e incluso crear productos completamente nuevos. Desde redactores hasta desarrolladores, todos están aprovechando las herramientas basadas en inteligencia artificial para trabajar de manera más eficiente y, en muchos casos, aumentar significativamente sus ganancias. La capacidad de generar resultados rápidos, basados en datos y predicciones hechas por máquinas, ha permitido a los emprendedores competir con empresas más grandes en un nivel más igualitario.

ELON MUSK: VISIÓN Y RIQUEZA CON IA

Otro ejemplo notable es Elon Musk, una de las figuras más influyentes en materia de innovación y tecnología. Musk siempre ha sido un defensor del potencial de la IA, aunque con cierta cautela respecto a los riesgos de su uso descontrolado. Sin embargo, fue mediante su uso inteligente de la IA que ayudó a transformar a Tesla y SpaceX en gigantes tecnológicos. En Tesla, la IA está en el corazón de los vehículos autónomos, lo que les permite tomar decisiones en tiempo real basadas en enormes cantidades de datos recopilados en todo el mundo. Esta aplicación de la IA no sólo está revolucionando el sector automovilístico, sino que también está creando una nueva industria valorada en miles de millones de dólares.

Musk supo utilizar la IA como ventaja competitiva, innovando en áreas que van desde la producción hasta la experiencia del cliente. Tesla, por ejemplo, recopila datos de millones de kilómetros recorridos por sus vehículos para entrenar sus sistemas de conducción autónoma, algo que ningún otro fabricante de automóviles ha logrado hacer a gran escala. Esto ha dado a la empresa una posición de liderazgo en el desarrollo de coches autónomos y su éxito ha atraído a inversores de todo el mundo. Las acciones de Tesla se han disparado en los últimos años, creando fortunas para sus accionistas y, naturalmente, para el propio Musk, que se ha convertido en una de las personas más ricas del planeta.

IA: OPORTUNIDADES PARA TODOS

Los ejemplos de Sam Altman y Elon Musk muestran cómo la IA puede ser una poderosa palanca para la creación de riqueza. Sin embargo, lo que hace que esta revolución sea aún más emocionante es que no se limita a magnates o fundadores de grandes empresas. La IA es accesible para todos los que buscan oportunidades. Los emprendedores y autónomos de todos los niveles pueden utilizar herramientas como chatbots automatizados, plataformas de análisis de datos y software de automatización.

En marketing digital, por ejemplo, las herramientas de inteligencia artificial están ayudando a crear campañas publicitarias más efectivas y personalizadas. En el sector de la inversión, los llamados "robo-advisors" utilizan la IA para gestionar de forma eficiente las carteras, incluso para los pequeños inversores. En el comercio electrónico, los emprendedores utilizan la IA para mejorar sus tiendas online, predecir tendencias de compra y automatizar procesos, como la atención al cliente y el control de inventario.

La belleza de la IA radica en el hecho de que una vez que los sistemas están entrenados y optimizados, pueden funcionar de manera eficiente incluso cuando sus creadores están ocupados con otras tareas. Esto significa que las personas pueden iniciar negocios o realizar actividades secundarias mientras mantienen su trabajo actual, mientras que la IA funciona en segundo plano para generar resultados. Este nivel de automatización está transformando la forma en que las personas generan ingresos, permitiéndoles a menudo alcanzar riqueza sin la necesidad de un gran equipo o infraestructura.

CONCLUSIÓN: AHORA ES EL MOMENTO

A medida que la IA siga expandiéndose, también crecerán las oportunidades de enriquecimiento. La verdadera pregunta no es si la IA transformará el panorama financiero global, sino cómo cada uno de nosotros puede posicionarse para aprovechar esta transformación. Lo que muestran Altman, Musk y muchos otros visionarios es que la IA no es sólo para las grandes corporaciones. Está al alcance de cualquier persona dispuesta a aprender y explorar sus posibilidades. El futuro de la riqueza está en manos de quienes saben cómo aprovechar esta poderosa herramienta.

CAPÍTULO 1: EL PODER DE LA IA Y CÓMO ESTÁ CAMBIANDO EL JUEGO FINANCIERO

La Inteligencia Artificial (IA) está remodelando el panorama financiero global de maneras inimaginables. En el pasado, las decisiones financieras estaban guiadas principalmente por el análisis, la experiencia y la intuición humana. Sin embargo, la creciente complejidad de los mercados financieros y la disponibilidad masiva de datos han abierto las puertas al uso de la IA como una herramienta poderosa. Permite un nivel de análisis y automatización que era imposible hace apenas unas décadas. En este capítulo, exploraremos el impacto de la IA en el mercado financiero, desde la automatización de tareas hasta la capacidad de tomar decisiones precisas basadas en datos. Veremos cómo entidades financieras de diferente tipo se están beneficiando de esta revolución tecnológica y cómo cualquiera puede aprovechar estas herramientas para enriquecerse.

La revolución de la

automatización financiera

La automatización siempre ha sido una búsqueda constante en el sector financiero, pero con la llegada de la IA, esta ambición se ha hecho realidad de una manera más sofisticada. Hoy en día, muchas tareas que antes requerían un esfuerzo manual intensivo se realizan mediante sistemas de inteligencia artificial. Esto abarca desde actividades simples, como completar informes financieros o conciliar transacciones, hasta procesos más complejos, como analizar grandes bases de datos para detectar fraudes o predecir movimientos del mercado.

La automatización impulsada por IA permite a los bancos y otras instituciones financieras ahorrar miles de millones de dólares en costos operativos. Procesos como la evaluación crediticia, el análisis de riesgos e incluso auditorías completas se pueden llevar a cabo de manera más rápida, eficiente y precisa mediante sistemas automatizados. Como resultado, las empresas pueden redirigir sus recursos humanos a tareas de mayor valor agregado, mientras que las máquinas se encargan del trabajo pesado.

Además, la automatización no sólo reduce los costos sino que también aumenta la precisión. Por ejemplo, el uso de IA en la evaluación crediticia permite a las empresas analizar una gama mucho más amplia de variables y datos históricos de los clientes. Esto aumenta la precisión en la concesión del crédito, al tiempo que reduce el riesgo de impago, algo que resulta ventajoso tanto para la institución como para el consumidor.

Toma de decisiones basada en grandes cantidades de datos

Uno de los mayores avances de la IA en el sector financiero es su capacidad para procesar y analizar enormes cantidades de datos en tiempo real. Antes de la IA, los profesionales de las finanzas estaban limitados por la cantidad de datos que podían analizar. Hoy en día, la IA puede ingerir y procesar datos de multitud de fuentes en cuestión de segundos. Estos datos pueden incluir información económica global, informes financieros, redes sociales, noticias e incluso eventos geopolíticos, ofreciendo una visión más completa del mercado.

El impacto de esto es que se pueden tomar decisiones financieras basadas en información mucho más precisa y completa, en lugar de depender únicamente del análisis o la intuición humana. En el mundo de las inversiones, esto ha cambiado completamente las reglas del juego. Los fondos de cobertura, por ejemplo, utilizan la IA para predecir el mercado de valores con un nivel de precisión sin precedentes. La IA puede detectar patrones ocultos y tendencias del mercado, algo que sería imposible para un ser humano. Esto permite a los administradores de fondos tomar decisiones más rápidas e informadas, superando a los competidores que todavía dependen de los análisis tradicionales.

Un caso de éxito que ilustra el uso de la IA en el mercado de valores es el del fondo de cobertura "Two Sigma", que emplea inteligencia artificial para identificar patrones en el mercado financiero. Two Sigma utiliza algoritmos de inteligencia artificial para analizar grandes cantidades de datos, incluidos precios históricos de acciones, informes de empresas, noticias financieras e incluso publicaciones en redes sociales. Con esto, pueden predecir los movimientos futuros del mercado con gran precisión. Los resultados hablan por sí solos: Two Sigma ha superado consistentemente al mercado y ha generado retornos impresionantes para sus inversores.

Además, la IA se puede utilizar para optimizar las carteras de inversión de forma personalizada para cada inversor. Tradicionalmente, esto lo hacían asesores financieros humanos, pero hoy en día, las plataformas automatizadas conocidas como "robo-asesores" pueden crear y gestionar carteras en función de los objetivos, la tolerancia al riesgo y el horizonte temporal de cada cliente. Esto ha democratizado el acceso a los servicios de gestión patrimonial, permitiendo a los inversores más pequeños beneficiarse de estrategias que antes estaban reservadas para clientes de alto patrimonio.

El papel de la IA en la prevención del fraude

Otro campo donde la IA está dejando su huella en el sector financiero es en la detección y prevención del fraude. Con el aumento de las transacciones digitales y la expansión del comercio electrónico, el fraude financiero se ha convertido en una preocupación creciente. Tradicionalmente, los sistemas de prevención de fraude se basaban en reglas predefinidas y una gran cantidad de alertas manuales. Sin embargo, estos sistemas eran limitados y a menudo no lograban detectar patrones de fraude nuevos o sofisticados.

Hoy en día, la IA se utiliza para identificar transacciones fraudulentas en tiempo real. Estos sistemas de IA no se limitan a seguir reglas fijas, sino que aprenden del comportamiento de los datos y detectan anomalías que pueden indicar actividad sospechosa. A medida que los delincuentes se vuelven más sofisticados, los sistemas de inteligencia artificial también evolucionan y pueden anticipar nuevas amenazas basándose en patrones pasados.

Los bancos y las compañías de tarjetas de crédito están utilizando IA para monitorear millones de transacciones por minuto. Los algoritmos avanzados de aprendizaje automático pueden identificar patrones sospechosos en fracciones de segundo y bloquear o señalar transacciones fraudulentas antes de que perjudiquen a los consumidores. Esto representa una gran ventaja para las instituciones financieras, que pueden minimizar las pérdidas, y para los consumidores, que se benefician de un sistema más seguro.

El papel de la IA en la inclusión financiera

La IA también está desempeñando un papel importante en la inclusión financiera, al permitir que más personas accedan a servicios bancarios y crediticios. En muchos países en desarrollo, millones de personas no tienen acceso a los servicios bancarios tradicionales debido a la falta de historial crediticio o de los documentos necesarios. La IA puede ayudar a resolver este problema analizando datos alternativos para evaluar la credibilidad de los clientes potenciales.

Las plataformas de microcrédito basadas en inteligencia artificial utilizan datos no convencionales, como el comportamiento en las redes sociales o el uso del teléfono celular, para crear perfiles crediticios. Esto permite a las personas sin acceso a los bancos tradicionales obtener crédito, iniciar negocios y mejorar sus vidas. Los ejemplos exitosos incluyen plataformas como Tala y Branch, que utilizan IA para otorgar microcréditos a millones de personas en países como Kenia e India.

Estas plataformas están revolucionando el sector financiero, permitiendo que la IA ofrezca soluciones que antes eran exclusivas de los mercados desarrollados. A medida que estas herramientas se expanden, el impacto de la IA en la creación de oportunidades financieras se vuelve global, con beneficios tanto para las grandes corporaciones como para las personas de bajos ingresos.

El crecimiento de los robo-advisors

Uno de los grandes avances que ha supuesto la IA en el sector financiero es el crecimiento de los "robo-advisors", plataformas automatizadas de gestión de inversiones que utilizan la IA para crear, gestionar y optimizar carteras de inversión. Estos sistemas utilizan algoritmos avanzados para analizar el perfil de riesgo de un cliente y sugerir inversiones personalizadas, sin necesidad de intervención humana.

Plataformas como Betterment, Wealthfront y Robinhood se han vuelto populares en todo el mundo y ofrecen una alternativa asequible a los asesores financieros tradicionales. Los robo-advisors eliminan los altos costos de asesoría financiera y hacen que el proceso de inversión sea más eficiente. Además, estas plataformas están haciendo que la gestión de inversiones sea más accesible para los inversores más pequeños, que antes no tendrían los recursos para contratar a un asesor financiero.

Basándose en datos históricos y en tiempo real, los algoritmos de IA pueden identificar las mejores oportunidades de inversión, realizar ajustes automáticos de la cartera y garantizar que se alcancen los objetivos a largo plazo. Esta combinación de automatización y personalización ha permitido que más personas ingresen al mercado de inversión, acumulando riqueza sin necesidad de amplios conocimientos financieros.

Conclusión

El impacto de la IA en el mercado financiero es amplio y profundo. Desde la automatización de tareas operativas hasta la toma de decisiones complejas basadas en grandes cantidades de datos, la IA está transformando la forma en que las instituciones y los individuos administran sus finanzas. Los fondos de cobertura están superando al mercado con predicciones basadas en inteligencia artificial, los robo-advisors están democratizando el acceso a la gestión patrimonial y las plataformas de microfinanzas están utilizando la inteligencia artificial para ofrecer crédito a millones de personas en los mercados emergentes.

Con la creciente disponibilidad de herramientas y plataformas de inteligencia artificial asequibles, las oportunidades para enriquecerse en este nuevo panorama financiero nunca han sido más prometedoras. Quienes aprendan a dominar estas tecnologías estarán bien posicionados para prosperar y crecer financieramente en el mundo moderno. La IA no sólo está cambiando el juego financiero: está creando nuevas reglas, nuevas oportunidades y un nuevo camino hacia la creación de riqueza.

CAPÍTULO 2: DESCUBRIR OPORTUNIDADES RENTABLES CON IA

Vivimos en una era donde la información está disponible en cantidades colosales y en tiempo real, y quien sepa utilizarla correctamente tendrá la capacidad de descubrir oportunidades rentables con mucha más precisión y rapidez. Utilizar herramientas de Inteligencia Artificial (IA) para identificar nichos de mercados emergentes, predecir tendencias y encontrar oportunidades de negocio es una estrategia poderosa que puede impulsar el éxito de cualquier emprendedor.

En este capítulo, veremos cómo se puede utilizar la IA para explorar y encontrar nichos rentables y oportunidades prometedoras. Desde el uso de herramientas como Google Trends, que permite comprender los comportamientos de búsqueda en tiempo real, hasta la aplicación de algoritmos predictivos y técnicas de minería de datos, se demostrará cómo la IA puede ser su mayor aliado para identificar dónde invertir y cómo. para crecer.

La importancia de identificar nichos de mercado

Antes de profundizar en las herramientas y técnicas, es esencial comprender por qué identificar un nicho de mercado es tan crucial para el éxito empresarial. Un nicho es un segmento específico de un mercado más grande. Centrarse en un nicho permite a una empresa o emprendedor especializarse y satisfacer mejor las necesidades de un público objetivo específico, lo que puede resultar en una mayor lealtad del cliente, menos competencia directa y mayores márgenes de beneficio.

Con la ayuda de la IA, es posible identificar nichos de mercado que están surgiendo o que están desatendidos, encontrando oportunidades que los competidores aún no han aprovechado. La ventaja es que la IA es capaz de procesar y analizar grandes cantidades de datos rápidamente, lo que le permite adelantarse a las tendencias y capturar mercados prometedores antes de que se saturen.

Google Trends: un aliado para descubrir tendencias

Una de las herramientas más accesibles y poderosas que podemos utilizar para identificar las tendencias del mercado es la Tendencias de Google. Este servicio gratuito de Google le permite ver lo que buscan las personas en todo el mundo, brindando información sobre la popularidad de ciertos términos o temas a lo largo del tiempo.

Con la ayuda de la IA, es posible perfeccionar el análisis de los datos recopilados en Google Trends e identificar oportunidades de manera más eficiente. Al buscar términos relacionados con su industria de interés, puede identificar tendencias que están creciendo o surgiendo. Esto es extremadamente valioso, especialmente en los mercados digitales, donde la velocidad de entrada y la adaptación a nuevas demandas pueden ser un factor decisivo.

Por ejemplo, un emprendedor que trabaja en el sector del comercio electrónico puede utilizar Google Trends para monitorear qué productos están en tendencia, como equipos de fitness durante una pandemia o dispositivos de trabajo remoto en tiempos de aislamiento social. Al identificar estas tendencias de antemano, puede ajustar su inventario y marketing para capitalizar la creciente demanda.

Además, puedes utilizar Google Trends para comprender mejor los comportamientos regionales, adaptando tus campañas de marketing a nichos geográficos específicos, algo que puede resultar decisivo en determinados mercados.

Algoritmos de análisis predictivo: anticipación de oportunidades

Si bien Google Trends ofrece información instantánea sobre lo que buscan las personas, algoritmos de análisis predictivo le permiten anticipar el comportamiento futuro basándose en datos históricos. El análisis predictivo es una de las aplicaciones más poderosas de la IA para descubrir oportunidades rentables, ya que permite a las empresas hacer predicciones sobre la demanda futura, los cambios en el comportamiento de los consumidores y la evolución del mercado.

Empresas como Amazon utilizan algoritmos de análisis predictivo en su núcleo operativo. La plataforma analiza el historial de compras de millones de clientes, cruzando estos datos con el comportamiento de navegación, la estacionalidad e incluso las tendencias económicas globales para predecir qué productos tendrán mayor demanda en los próximos meses. Esto no sólo permite a Amazon ajustar sus inventarios de manera eficiente, sino también recomendar productos personalizados para cada cliente, aumentando sus posibilidades de venta.

Los empresarios más pequeños también pueden utilizar herramientas basadas en inteligencia artificial para obtener ventajas competitivas. Existen plataformas asequibles que ofrecen análisis predictivos, como IBM Watson Analytics y el Minero rápido, que puede utilizarse para predecir las tendencias de los consumidores y ayudar a las empresas a tomar decisiones informadas sobre nuevos productos o mercados a explorar.

Por ejemplo, imagina que estás interesado en abrir una tienda de moda. Con una herramienta de análisis predictivo, puede utilizar datos históricos de ventas de moda, tendencias estacionales e incluso influencias sociales, como el impacto de los influencers digitales, para predecir qué estilos o productos serán tendencia en los próximos meses. Con esta información en la mano, podrá asegurarse de que su inventario esté preparado para satisfacer la creciente demanda, evitando inversiones en productos que están en declive.

Minería de datos: encontrar perlas ocultas

Otro recurso poderoso que proporciona la IA para identificar oportunidades rentables es la minería de datos (o minería de datos). Este proceso implica analizar grandes conjuntos de datos para descubrir patrones, correlaciones o tendencias ocultos que puedan explotarse con fines comerciales.

Empresas de todos los tamaños ya están utilizando la minería de datos para mejorar sus negocios. Por ejemplo, los supermercados pueden utilizar la minería de datos para analizar el comportamiento de compra de los clientes y descubrir que ciertos productos frecuentemente se compran juntos. Este análisis les permite realizar sugerencias de venta cruzada o promocionar ofertas que incrementen el valor promedio del carrito de compras.

Para los emprendedores que inician o buscan expandir sus negocios, la minería de datos puede revelar información valiosa sobre el mercado y el comportamiento del consumidor. Algunas herramientas de inteligencia artificial populares para la minería de datos incluyen Cuadro, el Energía BI de Microsoft y el Naranja.

Imagina que eres un emprendedor del sector turístico, interesado en ofrecer paquetes de viajes personalizados. Con la minería de datos, puede analizar información sobre destinos populares, temporadas, eventos locales e incluso comentarios de los clientes para crear paquetes únicos que satisfagan exactamente las preferencias de los clientes. La IA puede identificar correlaciones entre las preferencias de los viajeros, por ejemplo, haciendo coincidir perfiles de clientes que prefieren viajes de aventura con destinos que ofrecen este tipo de experiencia, asegurándose de ofrecer lo que buscan, incluso antes de que lo soliciten.

Aplicación de la IA en el comercio electrónico para identificar nichos de productos

en el sector de comercio electrónico, identificar nichos rentables puede ser aún más estratégico cuando se utilizan herramientas de inteligencia artificial. Hoy en día, la competencia en el comercio electrónico es feroz y diferenciarse de la competencia puede ser la clave del éxito.

Los emprendedores pueden utilizar la IA para monitorear el comportamiento de los consumidores e identificar brechas en el mercado. Por ejemplo, plataformas minería de opinión Pueden analizar comentarios de redes sociales, reseñas de productos y foros de discusión para identificar quejas de los consumidores o deseos insatisfechos. Si descubre que muchas personas no están satisfechas con un tipo específico de producto, esta podría ser una oportunidad para crear una versión mejorada.

Además, herramientas de inteligencia artificial como Google Analytics y el Análisis de Shopify puede ayudar a identificar patrones de comportamiento del consumidor en su propia tienda online. La IA puede analizar el flujo de visitas, comprender qué productos generan más interés y predecir cuáles serán los próximos pasos de los clientes. Con esta información, puede adaptar su estrategia de marketing y desarrollar productos que satisfagan directamente las necesidades emergentes de sus clientes.

La personalización como diferenciador competitivo

Otra gran oportunidad que ofrece la IA para identificar y explorar nichos rentables es la personalización. Los consumidores son cada vez más exigentes y esperan experiencias personalizadas en prácticamente todos los sectores.

La IA permite a las empresas ofrecer una

experiencia de compra altamente personalizada, lo que puede ser un importante diferenciador competitivo. Las plataformas de recomendación de productos, como las utilizadas por Amazon o Netflix, son claros ejemplos de cómo la IA puede personalizar ofertas en función del comportamiento pasado de un usuario. En el caso de Amazon, los algoritmos analizan tu historial de compras, navegación e incluso lo que viste y no compraste, para ofrecer recomendaciones más asertivas, aumentando las posibilidades de conversión.

Las empresas más pequeñas pueden adoptar estrategias similares utilizando herramientas como Rendimiento dinámico o el Monetizar, que ofrecen soluciones de personalización basadas en IA para sitios web y plataformas de comercio electrónico. Esto permite a las empresas más pequeñas competir en pie de igualdad con los gigantes de la industria, brindando una experiencia de compra personalizada que gana la lealtad del cliente y mejora la conversión.

Conclusión

Descubrir oportunidades rentables con la ayuda de la IA es, sin duda, una de las formas más eficientes de destacar en un mercado cada vez más competitivo. La capacidad de identificar tendencias emergentes, analizar datos y personalizar ofertas con precisión es una ventaja estratégica que puede ser aprovechada por cualquier emprendedor o empresa.

Herramientas como Google Trends, algoritmos de análisis predictivo y técnicas de minería de datos ofrecen un valioso arsenal para quienes desean identificar nichos de mercado y oportunidades de crecimiento. La IA no solo le permite predecir tendencias con mayor precisión, sino que también proporciona un nivel de personalización que puede generar lealtad del cliente y maximizar las ganancias.

Los emprendedores que aprendan a explotar estas tecnologías tendrán una ventaja significativa a la hora de identificar y capturar nuevos mercados, lo que garantizará que estén en el camino correcto para enriquecerse en el panorama global impulsado por la IA. El mundo empresarial está cambiando rápidamente y cualquiera que esté dispuesto a aprovechar el poder de la IA para descubrir oportunidades estará a la vanguardia.

CAPÍTULO 3: AUTOMATIZACIÓN DE TAREAS Y LIBERACIÓN DE TIEMPO

Automatizar tareas rutinarias y repetitivas con el uso de Inteligencia Artificial (IA) es una de las mayores ventajas que ofrece la tecnología moderna a emprendedores y empresas. La capacidad de automatizar procesos que antes consumían horas de trabajo humano permite a los propietarios de empresas centrarse en actividades de mayor valor, como la innovación, la estrategia y el crecimiento. En este capítulo, exploraremos cómo se utiliza la IA para liberar tiempo y aumentar la productividad, destacando ejemplos concretos de emprendedores que han utilizado robots automatizados en su modelo de negocio. envío directo y cómo les gusta a las empresas comprar están facilitando este proceso.

La era de la automatización

En el acelerado mundo actual, el tiempo es el recurso más valioso de un emprendedor. Cuanto más eficiente sea el uso del tiempo, mayores serán las posibilidades de éxito en un negocio. Por lo tanto, la automatización ofrece una forma poderosa de eliminar tareas repetitivas y manuales, permitiendo a los emprendedores centrarse en el crecimiento estratégico de sus empresas.

Con el uso de la IA se pueden automatizar actividades como la atención al cliente, el procesamiento de pedidos, la gestión de inventario e incluso el marketing. Esto no sólo ahorra tiempo, sino que también reduce el margen de error humano y aumenta la eficiencia operativa. Como resultado, la automatización permite a las empresas operar 24 horas al día, 7 días a la semana sin necesidad de una intervención constante, creando un ciclo continuo de productividad.

Dropshipping: el caso de automatización perfecto

el modelo de envío directo es un excelente ejemplo de cómo se puede utilizar la automatización para crear empresas altamente eficientes. En el dropshipping, el emprendedor actúa como intermediario, vendiendo productos sin mantener stock. Cuando un cliente realiza un pedido, el proveedor envía el producto directamente al cliente final. El emprendedor sólo gestiona la página web y las ventas, mientras que el resto del proceso está automatizado.

La IA ha desempeñado un papel clave en la optimización del dropshipping. Uno de los mayores desafíos de este modelo es la gestión de múltiples proveedores, productos y clientes. Se utilizan herramientas de inteligencia artificial y robots automatizados para gestionar todo el proceso, desde la actualización automática del inventario hasta el análisis de precios y la optimización de las campañas de marketing.

Un ejemplo práctico son los emprendedores que utilizan plataformas como comprar para automatizar su negocio de dropshipping. Shopify ofrece una serie de aplicaciones y herramientas de automatización que te permiten crear tiendas online, integrarte con proveedores y gestionar automáticamente pedidos e inventario. Herramientas como Oberlo, una aplicación integrada con Shopify, ayuda a los empresarios a importar productos de proveedores, procesar pedidos e incluso ajustar automáticamente los precios en función de las fluctuaciones del mercado.

Bots automatizados para dropshipping

Algunos emprendedores han creado bots automatizados que se encargan de gran parte de las operaciones de dropshipping. Un ejemplo de ello es el de Andreas König, un joven emprendedor que decidió explorar el mercado del dropshipping de electrónica. Utilizando bots automatizados y herramientas de inteligencia artificial, Koenig pudo automatizar todo, desde la adquisición de clientes hasta el servicio posventa, lo que le permitió administrar su negocio de manera eficiente, dedicando solo unas pocas horas a la semana a ajustes estratégicos.

Estos robots, impulsados por algoritmos de inteligencia artificial, monitorean constantemente a los proveedores en busca de productos a precios competitivos y actualizan el inventario automáticamente. Además, el uso de bots en la atención al cliente garantiza que los consumidores reciban respuestas rápidas y precisas sin necesidad de intervención humana, aumentando la satisfacción y reduciendo la carga de trabajo.

Otra ventaja es la capacidad de los bots para realizar ajustes automáticos en las campañas de marketing. Los emprendedores que utilizan IA para administrar sus anuncios de Google o Facebook pueden programar estos robots para ajustar los presupuestos, las palabras clave y la orientación en función del rendimiento en tiempo real, garantizando que los recursos se optimicen para obtener el máximo retorno de la inversión.

Shopify y la automatización simplificadas

A comprar se ha convertido en una plataforma líder para emprendedores que buscan explorar el comercio electrónico, y una de las principales razones de este éxito es la facilidad con la que permite la automatización. La plataforma ofrece una variedad de herramientas basadas en inteligencia artificial que ayudan a simplificar las operaciones diarias.

Uno de los ejemplos más prácticos es la integración de chatbots para servicio al cliente. Shopify te permite agregar chatbots que usan inteligencia artificial para responder preguntas comunes, procesar pedidos o incluso sugerir productos a los clientes según sus preferencias. Estos chatbots pueden funcionar las 24 horas del día, respondiendo instantáneamente, algo que sería imposible de lograr manualmente, especialmente para pequeñas empresas.

Además, Shopify ofrece automatización en la gestión de inventario. Cuando se vende un producto, el sistema actualiza automáticamente los niveles de inventario y notifica al proveedor, eliminando la necesidad de un seguimiento constante por parte del empresario. Si el stock de un artículo en particular es bajo, la plataforma puede enviar notificaciones de reposición o ajustar automáticamente el precio para incentivar o desalentar las compras, según la estrategia comercial.

Las empresas más grandes también pueden integrar soluciones de inteligencia artificial más complejas, como herramientas avanzadas de análisis de datos para predecir tendencias de ventas y ajustar las campañas de marketing en consecuencia. Con estas características, Shopify no solo facilita el proceso de venta, sino que también crea un entorno donde los emprendedores pueden concentrarse en hacer crecer su negocio mientras la IA se encarga de las operaciones diarias.

El valor de automatizar las tareas de marketing

Además de la automatización operativa, la IA también desempeña un papel vital en el marketing digital. Hoy en día, las herramientas de automatización de marketing como correochimp y HubSpot, ayuda a las empresas a crear campañas de marketing por correo electrónico, publicar en las redes sociales e incluso administrar anuncios pagos de forma automatizada.

La IA es capaz de analizar el comportamiento de los clientes y personalizar las campañas de marketing de forma mucho más eficaz que un ser humano. Por ejemplo, si un cliente visita un sitio de comercio electrónico y agrega productos a su carrito pero no completa su compra, la automatización del marketing puede enviar recordatorios por correo electrónico o crear anuncios personalizados para volver a atraer al cliente. Esto no sólo aumenta la tasa de conversión sino que también genera ingresos adicionales de manera eficiente.

Otro ejemplo es el uso de automatización del embudo de ventas. Un embudo de ventas bien construido se puede automatizar desde la atracción de clientes potenciales hasta el cierre de la venta, todo ello en función de interacciones programadas que respondan al comportamiento del cliente. Si un cliente muestra interés en un producto en particular, la automatización puede enviar contenido relevante u ofertas especiales, acelerando el proceso de compra.

Estos sistemas de automatización se pueden ajustar para optimizar las campañas en función de los datos de rendimiento, asegurando que cada interacción sea personalizada y eficiente, lo que en última instancia resulta en mayores ingresos y una mayor retención de clientes.

Automatización de actividades de backoffice

Otra área donde la automatización basada en IA ofrece grandes beneficios es en actividades de back office — aquellas operaciones administrativas que, aunque no estén directamente vinculadas a las ventas, sean esenciales para el funcionamiento del negocio.

Las empresas están utilizando la IA para automatizar tareas como contabilidad, facturación, gestión de nóminas e incluso conciliación de cuentas bancarias. Herramientas como Libros rápidos y xero están utilizando IA para categorizar automáticamente gastos, generar informes financieros e incluso predecir flujos de efectivo basados en el historial de transacciones.

Esto reduce significativamente el

tiempo que los emprendedores dedicarían a tareas burocráticas, permitiéndoles centrarse en actividades que realmente hacen crecer el negocio. La automatización financiera, por ejemplo, es especialmente útil para los propietarios de pequeñas empresas, que a menudo enfrentan dificultades para administrar las finanzas de manera efectiva debido a la falta de tiempo o conocimientos técnicos.

Liberar tiempo y aumentar la productividad

La automatización no sólo libera tiempo al emprendedor, sino que también aumenta productividad de todo el negocio. Cuando se automatizan los procesos operativos y de marketing, la empresa puede crecer exponencialmente, sin que el emprendedor tenga que aumentar drásticamente su carga de trabajo.

Por ejemplo, una tienda de comercio electrónico automatizada puede seguir vendiendo y procesando pedidos incluso cuando el empresario está durmiendo o fuera de la oficina. La automatización del servicio al cliente garantiza que los consumidores reciban respuestas rápidas independientemente de la hora del día, y las campañas de marketing se ajustan automáticamente en función del rendimiento, maximizando los resultados.

Los emprendedores que aprovechan la automatización de la IA pueden centrarse en actividades de mayor valor, como ampliar su cartera de productos, establecer asociaciones o desarrollar nuevas estrategias de crecimiento. Este enfoque estratégico es lo que diferencia a las empresas que se estancan de las que crecen de forma sostenible.

Conclusión

La automatización de tareas es, sin duda, una de las mayores oportunidades que ofrece la IA a los emprendedores. Al automatizar procesos operativos y repetitivos, los emprendedores pueden liberar tiempo para centrarse en actividades de mayor valor, como la innovación y el crecimiento estratégico de sus negocios.

Con ejemplos como el dropshipping, donde los robots automatizados manejan gran parte de las operaciones, y plataformas como Shopify, que facilitan la integración de herramientas de inteligencia artificial para la automatización, los emprendedores están descubriendo formas de gestionar negocios con mayor eficiencia y escalabilidad. Además, la automatización del marketing y el backoffice optimiza todas las áreas de operación, garantizando un flujo de trabajo más ágil y productivo.

Dominar la automatización con IA es un paso esencial para cualquier emprendedor que quiera maximizar su tiempo, aumentar la productividad y, en consecuencia, construir un camino sólido hacia el enriquecimiento en el mercado moderno.

CAPÍTULO 4: IA EN LA INVERSIÓN: ROBO-ADVISORS Y COMERCIO AUTOMATIZADO

La Inteligencia Artificial (IA) ha transformado varios sectores, y el mercado financiero es uno de los más beneficiados por esta revolución tecnológica. Plataformas automatizadas, como robo-asesores y sistemas de trading automatizado, están cambiando la forma en que las personas invierten, ofreciendo servicios eficientes basados en datos que son accesibles incluso para inversores con poca experiencia.

Este capítulo explora cómo se ha aplicado la IA en el mundo de la inversión, centrándose en plataformas de inversión automatizadas como Mejoramiento y frente de riqueza y el uso de la IA en el comercio de criptomonedas. Además, veremos ejemplos concretos de comerciantes que se han enriquecido utilizando robots de inteligencia artificial para negociar activos en el mercado financiero y el sector emergente de las criptomonedas.

La revolución del Robo-Advisor

Tú robo-asesores son plataformas de inversión que utilizan algoritmos e inteligencia artificial para crear y gestionar carteras de inversión de forma automática, sin necesidad de una intervención humana constante. Fueron diseñados para democratizar el acceso a servicios financieros sofisticados tradicionalmente reservados para grandes inversores con acceso a costosos asesores financieros.

Plataformas como Mejoramiento y frente de riqueza Estos son ejemplos de robo-advisors que han ganado protagonismo en el mercado. Ofrecen servicios de gestión de inversiones basados en objetivos financieros, perfil de riesgo y horizonte temporal. La IA se utiliza para reequilibrar automáticamente las carteras, ajustar las estrategias de asignación de activos e incluso optimizar la eficiencia fiscal, todo ello basándose en datos en tiempo real.

Una de las grandes ventajas de los robo-advisors es su coste significativamente menor en comparación con los asesores financieros tradicionales. Como la IA se encarga de la mayor parte del trabajo, los robo-advisors pueden cobrar tarifas de gestión mucho más bajas, lo que hace que las inversiones sean accesibles a un público más amplio.

Ejemplo de mejora: automatización de inversiones para todos

EL Mejoramiento es uno de los robo-advisors más grandes y conocidos del mundo. Fundada en 2008, la plataforma utiliza IA para ofrecer servicios de inversión automatizados a inversores de todos los niveles de experiencia. Con sólo unos pocos clics, un usuario puede crear una cuenta, establecer objetivos financieros y el algoritmo de Betterment se encarga de crear y gestionar una cartera diversificada de activos, compuesta por acciones y bonos.

La plataforma monitorea los mercados en tiempo real y realiza ajustes automáticos en la asignación de activos para optimizar la rentabilidad a lo largo del tiempo. Además, la IA garantiza que la cartera se reequilibre periódicamente para mantener el nivel de riesgo adecuado al perfil del inversor. Aún mejor, Betterment también ofrece optimización fiscal, utilizando algoritmos para realizar ventas de activos que minimicen el impacto fiscal en las ganancias.

Con Betterment, los inversores que no tienen suficiente tiempo o conocimientos para seguir el mercado pueden confiar en la IA para gestionar sus carteras de forma eficaz mientras se centran en sus propias actividades. La accesibilidad del servicio, combinada con la automatización inteligente, permite a la gente corriente empezar a invertir y acumular riqueza con el tiempo.

Wealthfront: planificación financiera automatizada

Otro ejemplo notable de un robo-advisor es frente de riqueza, que va más allá de la gestión de inversiones. La plataforma utiliza IA para ofrecer un servicio de planificación financiera más completo. Wealthfront no solo automatiza la creación y gestión de carteras, sino que también ofrece herramientas de planificación financiera como gestión del flujo de caja y análisis de gastos futuros.

Con la IA de Wealthfront es posible calcular automáticamente cuánto debe ahorrar un usuario para alcanzar sus objetivos financieros, ya sea para comprar una casa, pagar la educación de sus hijos o planificar su jubilación. La plataforma analiza los hábitos de consumo y los ingresos del usuario, ajustando automáticamente las recomendaciones en función de los cambios en las finanzas personales y el escenario económico.

Además de brindar un servicio completo de planificación financiera, Wealthfront también destaca por su eficiencia fiscal. El uso de IA permite a la plataforma ejecutar estrategias avanzadas como recolección de pérdidas fiscales, donde la plataforma vende activos deficitarios para compensar ganancias de capital, reduciendo el impuesto adeudado y mejorando la rentabilidad neta.

IA no Trading Automatizado

Además de los robo-advisors, la IA también desempeña un papel central en trading automatizado, donde algoritmos avanzados ejecutan operaciones financieras en fracciones de segundo, tomando decisiones basadas en datos históricos, patrones de mercado y pronósticos. Estos sistemas pueden analizar grandes volúmenes de datos en tiempo real, detectando oportunidades de compra y venta que pasan desapercibidas para los humanos.

En el mercado financiero tradicional, fondos de cobertura y las grandes instituciones financieras han sido pioneras en el uso de algoritmos de trading basado en IA. Estos algoritmos están programados para detectar patrones y tendencias repetitivos en los precios de los activos, lo que permite a los operadores comprar o vender en el momento adecuado, maximizando las ganancias.

Sin embargo, con la llegada de

plataformas accesibles y el desarrollo de robots de comercio Gracias a la IA, los inversores individuales ahora también pueden participar en este mercado altamente competitivo. Los robots comerciales son programas que utilizan inteligencia artificial para analizar el mercado y ejecutar operaciones automáticamente, sin necesidad de una supervisión humana constante.

El auge de los robots de comercio de criptomonedas

Un área donde el comercio automatizado por IA realmente ha cobrado importancia es en el criptomonedas. Mercados como Bitcoin, Ethereum y otras criptomonedas operan las 24 horas del día, los 7 días de la semana, lo que hace que la automatización no solo sea útil, sino a menudo necesaria para que los operadores aprovechen las fluctuaciones del mercado.

Los robots de comercio de criptomonedas utilizan IA para monitorear precios en tiempo real, detectar patrones y ejecutar operaciones automáticamente. Estos bots se pueden programar para seguir estrategias específicas, como análisis de tendencias, arbitraje (comprar en un mercado y vender en otro a un precio superior) o incluso realizar compras y ventas rápidas basadas en micro variaciones de precios, de una forma práctica conocida. como comercio de alta frecuencia (HFT).

Plataformas populares como 3comas y criptohopper Permitir a los comerciantes individuales configurar bots personalizados para operar en el mercado de criptomonedas. Estos bots se pueden ajustar para monitorear múltiples intercambios al mismo tiempo, asegurando que los operadores aprovechen las mejores oportunidades de arbitraje y ejecución de órdenes.

Ejemplos de comerciantes que se enriquecen con robots de inteligencia artificial

Varios comerciantes de criptomonedas han utilizado robots de inteligencia artificial para generar retornos significativos, y muchos se han convertido en millonarios explotando la volatilidad del mercado. Un ejemplo bien conocido es el de Marcello Arrambide, un comerciante de criptomonedas que comenzó a utilizar robots comerciales para operar las 24 horas del día, aprovechando las fluctuaciones de los precios de las criptomonedas.

Arrambide, que ya tenía experiencia en el comercio, se dio cuenta de que la automatización con robots de inteligencia artificial podría ampliar sus oportunidades, ya que el mercado de las criptomonedas no tiene horarios fijos de funcionamiento. Al implementar bots que monitoreaban y ejecutaban operaciones según criterios predefinidos, pudo multiplicar sus ganancias en un corto período de tiempo.

Otro ejemplo es el de Sam Bankman-Frito, el fundador de la empresa comercial y de intercambio FTX Investigación Alameda, que se convirtió en multimillonario antes de los 30 años. Utilizó robots de inteligencia artificial para realizar arbitraje en el mercado de las criptomonedas, especialmente en los primeros años de Bitcoin, cuando había grandes diferencias de precios entre las bolsas asiáticas y occidentales. Sus robots explotaron estas discrepancias de forma automatizada, comprando la moneda donde era más barata y vendiéndola donde era más cara.

Estos ejemplos muestran que, aunque el mercado de las criptomonedas es volátil y de alto riesgo, los robots de IA ofrecen una ventaja estratégica, operando con una precisión y velocidad que los humanos no pueden igualar.

Ventajas y riesgos del comercio automatizado

Aunque el comercio automatizado con IA ofrece muchas ventajas, como la capacidad de operar las 24 horas del día y eliminar el factor emocional en las decisiones de compra y venta, también existen riesgos. Uno de los principales desafíos es que, aunque los algoritmos pueden ser extremadamente sofisticados, todavía dependen de datos históricos para hacer predicciones. En mercados altamente volátiles, como el de las criptomonedas, los cambios repentinos y eventos inesperados pueden provocar grandes pérdidas.

Además, como los bots operan según reglas programadas, si los parámetros no se ajustan correctamente o si hay una falla técnica, el bot puede ejecutar operaciones de manera no deseada, generando potencialmente pérdidas. Por lo tanto, es fundamental que los traders supervisen y ajusten constantemente sus estrategias de automatización, incluso si el sistema funciona de forma independiente.

Conclusión

El uso de la IA en la inversión y el comercio automatizado ha transformado la forma en que las personas gestionan sus carteras y realizan sus transacciones financieras. Con robo-advisors como Betterment y Wealthfront, los inversores de todos los niveles pueden automatizar sus carteras y alcanzar sus objetivos financieros de manera eficiente y asequible.

En el mercado de las criptomonedas, la IA ha demostrado ser una herramienta esencial para el comercio automatizado, lo que permite a los operadores individuales y profesionales aprovechar la volatilidad del mercado las 24 horas del día. Los ejemplos de comerciantes que se han enriquecido utilizando robots de inteligencia artificial demuestran el inmenso potencial de esta tecnología.

Sin embargo, como cualquier forma de inversión, el uso de inteligencia artificial y robots comerciales también presenta riesgos. Es fundamental que los usuarios sigan de cerca sus operaciones y estén siempre dispuestos a ajustar sus estrategias. Con un uso adecuado, la IA ofrece una poderosa oportunidad para generar riqueza en el mercado financiero moderno.

CAPÍTULO 5: CREACIÓN DE EMPRESAS EMERGENTES CON IA

El surgimiento de nuevas empresas basadas en Inteligencia Artificial (IA) ha transformado el panorama empresarial, creando nuevas oportunidades para que individuos y pequeñas empresas escalen rápidamente con soluciones innovadoras. De grandes nombres como AbiertoAI, desde Sam Altman, hasta empresas emergentes más pequeñas como Jaspe IA, que ofrece IA accesible para redacción publicitaria y marketing, la IA ha permitido la creación de empresas en diversos sectores. En este capítulo, exploraremos cómo se utiliza la IA para crear nuevas empresas, analizaremos historias inspiradoras de emprendedores exitosos y detallaremos pasos prácticos para iniciar su propia empresa impulsada por la IA.

A Era das Startups de IA

En los últimos años, hemos visto un crecimiento explosivo de nuevas empresas que están aprovechando el poder de la IA para resolver problemas complejos, optimizar procesos y crear nuevas formas de interactuar con los clientes. Esta explosión de nuevas empresas de IA refleja la mayor accesibilidad a las tecnologías de IA y la democratización del conocimiento técnico. Hoy en día, los emprendedores pueden crear soluciones de IA sin ser necesariamente expertos en programación, gracias a plataformas y herramientas sin código o con código bajo que permiten un desarrollo rápido y eficiente de soluciones.

Una de las razones que hace que la IA sea tan atractiva para las startups es su capacidad para escalar. A diferencia de los modelos de negocio tradicionales, una empresa basada en IA a menudo puede operar con un equipo reducido pero atender a una gran base de usuarios o clientes. Además, el uso de la IA permite a estas startups innovar continuamente, mejorando sus soluciones basándose en datos y comentarios en tiempo real.

OpenAI: la historia de éxito de Sam Altman

Uno de los mayores ejemplos de éxito en el mundo de las startups de IA es AbiertoAI, cofundada por Sam Altman. Altman, uno de los nombres más importantes de Silicon Valley, vio la IA como la próxima gran frontera para la innovación y decidió fundar OpenAI con la misión de garantizar que la IA avanzada beneficie a toda la humanidad.

OpenAI comenzó inicialmente como una organización sin fines de lucro, pero luego adoptó un modelo híbrido para garantizar la sostenibilidad financiera y continuar invirtiendo en investigación y desarrollo de IA. Su producto más importante, el GPT (Generative Pre-trained Transformer), revolucionó la forma en que los sistemas de IA interactúan con los humanos, estableciendo nuevos estándares para el procesamiento del lenguaje natural.

OpenAI sirve como ejemplo de cómo una startup puede crecer rápidamente, atrayendo inversiones masivas y posicionándose como líder del mercado. La empresa recibió miles de millones de dólares en inversiones de grandes nombres, como Microsoft, que se convirtió en un socio estratégico. Hoy en día, OpenAI ofrece soluciones de IA que se utilizan en todas las industrias, desde el servicio al cliente hasta la creación de contenido, el desarrollo de software y la automatización.

Jasper AI: democratizando la redacción publicitaria con IA

Si bien OpenAI es un ejemplo de startup a gran escala, hay ejemplos de startups más pequeñas que también han utilizado la IA para generar grandes resultados. Una de estas startups es Jaspe IA, una plataforma de redacción y marketing que utiliza inteligencia artificial para ayudar a empresas y profesionales a crear contenido de forma más rápida y eficaz.

Fundada en 2021, Jasper AI nació con el objetivo de democratizar el acceso a la IA en el ámbito del marketing. La plataforma utiliza algoritmos avanzados para generar texto de alta calidad en sólo segundos, desde descripciones de productos hasta artículos de blogs, correos electrónicos de marketing y publicaciones en redes sociales. Las empresas y los individuos pueden ingresar algunas instrucciones básicas y la IA de Jasper crea contenido optimizado, ahorrando tiempo y recursos.

El éxito de Jasper AI refleja una tendencia más amplia en el IA como servicio (AIaaS), donde las startups ofrecen soluciones listas para usar que pueden ser utilizadas por otros emprendedores y empresas para mejorar su eficiencia. Jasper permite a los especialistas en marketing y redactores aumentar su productividad y, al mismo tiempo, ofrecer contenido de alta calidad sin la necesidad de contratar grandes equipos ni dedicar horas a la creación manual.

Cómo la IA permite un rápido crecimiento de las empresas emergentes

Uno de los factores más importantes que impulsa el crecimiento de las nuevas empresas de IA es la capacidad de la tecnología para automatizar procesos que tradicionalmente requerían un gran esfuerzo humano. Esto permite a las empresas emergentes centrarse en innovaciones estratégicas mientras los sistemas de inteligencia artificial se encargan de las operaciones de back-end, el análisis de datos, el servicio al cliente, el marketing y más.

1. Automatización de procesos: Un montón de Las startups de IA ofrecen soluciones que automatizan tareas repetitivo y rutinario. Esto permite a sus clientes aumentar su eficiencia y reducir los costos operativos, mientras que Las startups pueden escalar sus negocios rápidamente sin tener que hacerlo. aumentar proporcionalmente el equipo.
2. Análisis de datos en tiempo real: IA también Es extremadamente eficaz para recopilar y analizar grandes volúmenes de datos. Las nuevas empresas de IA pueden utilizar esta información para ajusta tus soluciones,

identifica nuevos mercados y ofrece servicios personalizados a sus clientes. Esta capacidad de El análisis de datos en tiempo real también permite a las startups ser ágil, adaptándose rápidamente a los cambios del mercado.

3.

Escalabilidad: La naturaleza escalable de la IA permite a las empresas emergentes atender a un número creciente de usuarios sin incrementar exponencialmente sus costos operativos. Plataformas Los sistemas basados en IA pueden procesar miles de solicitudes simultáneamente, desde las interacciones con los clientes hasta el análisis de datos y ejecución de tareas automatizadas, lo que aumenta la la capacidad de las startups para escalar rápidamente.

4.

Innovación continua: Uno de los grandes Las ventajas de las startups basadas en IA es la capacidad de aprender y evolucionar con el tiempo. Los algoritmos de IA mejoran continuamente a medida que están expuestos a nuevos datos y comentarios de usuarios. Esto significa que las nuevas empresas de IA son innovando y mejorando constantemente sus soluciones, seguir siendo competitivo en el mercado.

Pasos para crear su propia startup de IA

Si te inspiran los ejemplos exitosos de empresas como OpenAI y Jasper AI y quieres crear tu propia startup de IA, aquí tienes algunos pasos prácticos a seguir:

1.

Identificar un problema relevante: A base de Cualquier startup exitosa consiste en resolver un problema real. Identificar un problema en el mercado que pueda resolverse. manera más eficiente con el uso de IA. Esto podría ser en áreas como servicio al cliente, automatización de marketing, análisis de datos o creación de contenidos.

2.

Elija la tecnología adecuada: Decida cuál tipo de IA será más útil para resolver el problema que usted identificado. Hay diferentes tipos de IA como máquina aprendiendo (aprendizaje automático), aprendizaje profundo (aprendizaje profundo) y PNL (tratamiento lenguaje natural). Investiga cuál de estas tecnologías se adapta mejor a ti se adapta a las necesidades de su negocio.

3.

Desarrollar un producto mínimo viable (MVP): Antes de crear un producto completo, desarrolle un MVP que resuelva el problema central que usted identificó. Esto te permitirá validar su idea en el mercado sin gastar mucho tiempo y dinero en desarrollo temprano. Los comentarios de los usuarios de MVP serán esencial para refinar el producto y crear una solución final robusta.

4.

Aproveche el potencial de la IA como servicio: Un enfoque popular para las nuevas empresas de IA es ofrecer sus soluciones.

como servicio, en el AIaaS (Inteligencia Artificial como Servicio). Esto significa que en lugar de vender un producto físico, usted estará brindando un servicio que puede ser a las que acceden otras empresas para mejorar sus operaciones.

5. Cree un equipo eficiente y centrado en la IA:O Desarrollar una startup de IA no requiere un gran equipo desde el principio, pero es importante contar con miembros que entiendan el desarrollo de algoritmos y uso de datos. Si no eres un experto técnico, considere asociarse con un cofundador con Habilidades de inteligencia artificial o contratar desarrolladores independientes para ayuda al principio.

6. Buscar inversión inicial: Startups de IA puede atraer el interés de inversores ángeles y fondos de riesgo capital, especialmente si el producto que está desarrollando tiene el potencial de resolver un problema grande y escalable. Preparar uno paso Por supuesto, demuestra el potencial de tu solución y la ventaja competitiva que ofrece la IA sobre Soluciones tradicionales.

7. Innovar y escalar: Como tu startup comienza a ganar terreno en el mercado, continúa innovando y expandiéndose tus ofertas. Aproveche los comentarios de los usuarios y utilice la IA para mejorar continuamente su producto o servicio. la capacidad de escalar

rápidamente y adaptarse a los cambios del mercado será fundamental para el éxito a largo plazo.

Conclusión

La creación de nuevas empresas basadas en IA es una de las oportunidades más prometedoras en la economía digital actual. Ejemplos como OpenAI de Sam Altman y Jasper AI demuestran que la IA se puede utilizar tanto para crear empresas que resuelvan problemas complejos a escala global como para proporcionar soluciones asequibles para pequeñas empresas y profesionales.

Con la IA, los emprendedores pueden automatizar tareas, analizar grandes volúmenes de datos y crear soluciones innovadoras que satisfagan las necesidades de sus clientes de forma eficiente y escalable. Si sigue pasos prácticos para crear su propia startup de IA, podrá posicionarse a la vanguardia de la próxima revolución tecnológica y convertir sus ideas en negocios exitosos.

CAPÍTULO 6: MONETIZAR CONTENIDO CON IA

La Inteligencia Artificial (IA) está transformando radicalmente la creación de contenidos, permitiendo a emprendedores, influencers digitales y creadores de contenidos optimizar sus estrategias y llegar a una audiencia más amplia con menos esfuerzo. Las herramientas de inteligencia artificial pueden generar automáticamente texto para blogs, videos, publicaciones en redes sociales e incluso libros electrónicos completos. Lo más impresionante es que muchas personas ya están monetizando este contenido y creando negocios rentables con la ayuda de la IA.

Este capítulo explora las diferentes formas de monetizar el contenido generado por IA y cómo los emprendedores digitales utilizan herramientas como ChatGPT, Jaspe IAy otras soluciones para crear y vender contenido valioso, desde libros electrónicos hasta videos educativos.

La revolución de la creación de contenidos con IA

En los últimos años, hemos visto evolucionar la creación de contenidos online con la ayuda de la tecnología. Tradicionalmente, crear publicaciones en blogs, escribir artículos o desarrollar guiones para vídeos requería tiempo, creatividad y dedicación. Ahora, con la IA, es posible automatizar gran parte de este proceso, acelerando la producción de contenidos y permitiendo a los creadores centrarse en actividades de alto valor, como la planificación estratégica o el marketing.

Algoritmos de IA, como o GPT-4, son capaces de crear contenidos de calidad en diferentes formatos, en base a los datos proporcionados por los usuarios. Esto significa que cualquiera puede generar el texto completo de un artículo, una publicación de blog o incluso un video educativo con solo unos pocos clics. La IA es capaz de aprender y adaptar contenidos en función del feedback de los usuarios, dando como resultado textos personalizados y muy relevantes para el público objetivo.

Herramientas de IA para la creación de contenido

Existen varias herramientas de inteligencia artificial que facilitan la vida de los creadores de contenido. Entre los más populares se encuentran:

1.

ChatGPT: ChatGPT, desarrollado por OpenAI, es una poderosa herramienta para generar contenido textual. Los creadores de contenido utilizan ChatGPT para escribir publicaciones de blogs, libros electrónicos, descripciones de productos, guiones de vídeo e incluso correos electrónicos de marketing. Tu capacidad para crear textos coherente y relevante a partir de instrucciones simples hechas Los empresarios adoptaron esta herramienta como un recurso esencial.

2.

Jaspe IA: Jasper es otra herramienta Popular para la generación automatizada de contenido. Usado ampliamente en el campo del marketing y la redacción, Jasper ayuda con creación de textos para anuncios, blogs, publicaciones en redes sociales, libros electrónicos y mucho más. Ofrece plantillas listas para usar que ayudan creadores para generar contenido específico para cada necesidad, cómo optimizar artículos para SEO o crear descripciones de productos más atractivo.

3.

Síntesis y Lumen5: Herramientas como síntesis y Lúmenes5 ofrecer un Manera de crear videos automatizados basados en scripts generados. por IA. Con estas plataformas, los creadores pueden transformar artículos o guiones en vídeos educativos o promocionales, sin necesidad de Habilidades avanzadas de edición o grabación. Eso es todo particularmente útil para aquellos que desean producir videos en un rápidamente y monetizar a través de plataformas como YouTube.

Estas herramientas permiten que incluso personas sin experiencia previa en creación de contenido generen textos y videos de alta calidad, lo que resulta en oportunidades de monetización accesibles para todos.

Monetizar blogs con contenido generado por IA

Una de las formas más populares de monetizar contenido es a través de blogs. Sin embargo, crear un blog exitoso requiere coherencia y producción continua de artículos de alta calidad. Aquí es donde la IA entra en juego como un recurso valioso.

Utilizando herramientas como ChatGPT o Jasper AI, los emprendedores pueden crear artículos optimizados para SEO mucho más rápido de lo que lo harían manualmente. Estos artículos pueden atraer tráfico orgánico al blog, lo que a su vez genera oportunidades de monetización a través de AdSense de Google, afiliados y marketing de contenidos.

Pasos para monetizar un blog con IA:

1. Elige un nicho: Antes de crear contenido, Es fundamental elegir un nicho rentable. Nichos como las finanzas personal, salud, fitness y tecnología tienden a tener una gran demanda y buenas oportunidades de monetización.

2. Creación de contenido regular: Usando AI, puedes automatizar la creación de publicaciones periódicas manteniendo su blog actualizado con artículos relevantes y optimizados para el motor buscar. Esto ayudará a atraer lectores y aumentar su tráfico. orgánico.

3. Optimización para SEO: Herramientas de IA puede generar contenido optimizado para SEO sugiriendo palabras clave, Títulos atractivos y la estructura correcta de los artículos. La IA

También puedes ajustar el tono y el estilo del texto para asegurarte de que ser atractivo para los lectores y los algoritmos de búsqueda.

4. Monetización: Una vez que comience tu blog Para atraer tráfico, puedes monetizarlo de varias formas:

o AdSense de Google: Añade anuncios a tu sitio web y gana dinero cuando quieras los lectores hacen clic en ellos.

o Marketing de Afiliados: Regístrese en programas de afiliados como Amazon o ShareASale y Incluye enlaces de afiliados en tus publicaciones. Cuando los lectores compran A través de estos enlaces, ganas una comisión.

o Venta de Productos Digitales: cree libros electrónicos o cursos basados en contenido generado por IA y venderlos directamente a tus lectores.

5. Creación y monetización de libros electrónicos con IA

Otra estrategia de monetización que ha ganado popularidad es la creación de libros electrónicos. Con herramientas de inteligencia artificial como ChatGPT, crear un libro electrónico completo es mucho más sencillo y rápido. Los emprendedores pueden elegir un tema específico, alimentar a la IA con datos e instrucciones y escribir un libro electrónico en cuestión de horas.

Estos libros electrónicos se pueden

vender en plataformas como Kindle de Amazon o en nuestras propias tiendas virtuales. Crear un libro electrónico con IA no sólo ahorra tiempo, sino que también permite a los emprendedores posicionarse como expertos en su nicho sin tener que dedicar meses a la escritura manual.

Pasos para monetizar libros electrónicos con IA:

1. Elección de tema: El primer paso es Elija un tema que sea relevante y de gran demanda. puedes usar herramientas como Tendencias de Google y Responde el Público para identificar qué temas son populares y tienen potencial de ventas.

2. Creación de contenido: Después de configurar el tema, ingrese instrucciones detalladas en la herramienta AI, como ChatGPT, para generar el contenido del libro electrónico. Puedes dividir el libro electrónico en capítulos, secciones y temas, y pídale a la IA que escriba cada parte por separado, asegurando una estructura coherente.

3. Revisión y edición: Aunque la IA sí gran parte del trabajo creativo, es importante revisar la contenido generado. Verificar la exactitud de la información, ajustar la tono según sea necesario y realice las correcciones manuales Asegúrese de que el libro electrónico sea de alta calidad.

4. Diseño y Publicación: Después del contenido

Esté preparado, utilice herramientas como Canva o Adobe En diseño para crear la portada y el diseño del libro electrónico. Después, publicarlo en plataformas como Amazon Kindle o venderlo directamente en su sitio web.

5. Mercadotecnia y Ventas: Utilice estrategias para marketing digital, como anuncios pagados o marketing por correo electrónico, para Promocione su libro electrónico y aumente las ventas. También es posible utilizar plataformas afiliadas para que otros vendan el libro electrónico intercambio de una comisión.

Creación y monetización automatizada de videos en YouTube

La creación de vídeos es una de las formas más rentables de monetizar contenidos en la era digital, especialmente en plataformas como YouTube. Tradicionalmente, la creación de vídeos requería una gran inversión de tiempo y dinero en grabación y edición. Sin embargo, con herramientas como síntesis y Lúmenes5, es posible automatizar gran parte del proceso de creación de videos.

Estas plataformas permiten a los creadores transformar texto generado por IA en videos dinámicos, listos para ser compartidos y monetizados. Esto ofrece una ventaja significativa, especialmente para los creadores que desean publicar vídeos educativos o explicativos a gran escala.

Pasos para monetizar videos generados por IA:

1. Creando scripts con IA: Usar herramientas

como ChatGPT para generar guiones de vídeo. Eso puede incluir videos educativos, tutoriales o marketing, dependiendo de su nicho.

2. Generación de vídeo con IA: Utilizar plataformas como Synthesia o Lumen5 para transformar scripts Vídeos completos generados por IA. Estas herramientas crean videos. basado en inteligencia artificial, agregando imágenes, gráficos y animaciones automáticamente.

3. Publicación y monetización de YouTube: Publica tus vídeos en YouTube y monetízalos a través de anuncios (AdSense). Además, explorar asociaciones con marcas, ventas de productos digitales o marketing de afiliados como formas adicionales de ingresos.

4. Expansión de audiencia: Con producción grabación de vídeo automatizada, puede aumentar significativamente la frecuencia de publicaciones, lo que ayuda a ampliar su audiencia y, en consecuencia, sus ganancias.

Ejemplos exitosos de monetización con IA

Muchos emprendedores ya están utilizando la IA para crear y monetizar contenido de manera eficiente. Por ejemplo, Nick Stephenson, un emprendedor digital, utilizó IA para escribir libros electrónicos educativos y generar ingresos considerables vendiéndolos a través de su plataforma en línea. Otro ejemplo es el canal de YouTube. Esteban Graham, que utiliza guiones generados por IA para crear videos educativos sobre finanzas personales, atrayendo millones de visitas y generando ingresos a través de anuncios y asociaciones.

Además, Jessica Eley, una influencer digital, utiliza ChatGPT para crear publicaciones atractivas para sus redes sociales, aumentando su participación y, en consecuencia, sus oportunidades de patrocinio. Estos ejemplos demuestran que con las herramientas adecuadas, cualquiera puede monetizar el contenido generado por IA y crear una fuente sostenible de ingresos.

Conclusión

La monetización de contenidos mediante Inteligencia Artificial está revolucionando la forma de trabajar de emprendedores y creadores de contenidos. Con herramientas que automatizan la creación de textos, vídeos y libros electrónicos, las oportunidades para generar ingresos se han vuelto más accesibles que nunca.

Ya sea creando un blog, publicando libros electrónicos o publicando videos en YouTube, la IA ofrece la capacidad de producir contenido de alta calidad a escala, lo que permite a los creadores concentrarse en expandir sus audiencias y monetizar sus esfuerzos. A medida que más personas adopten estas herramientas, el futuro de la creación de contenidos estará marcado por la innovación constante y nuevas formas de interactuar con las audiencias.

CAPÍTULO 7: CÓMO UTILIZAR LA IA PARA ESCALAR SU NEGOCIO

La escalabilidad es una característica fundamental de cualquier negocio exitoso. Con la ayuda de la Inteligencia Artificial (IA), los emprendedores y las empresas están encontrando nuevas formas de crecer rápidamente, aumentar la eficiencia y optimizar la experiencia del cliente. En este capítulo, exploraremos cómo utilizar la IA para escalar un negocio, destacando ejemplos de empresas que han tenido éxito en este proceso y las estrategias que han adoptado.

¿Qué es la escalabilidad y por qué es importante?

La escalabilidad es la capacidad de una empresa para crecer sin comprometer el rendimiento, la calidad o los ingresos. Para las empresas que buscan crecer, la escalabilidad es crucial, ya que les permite aumentar sus ganancias sin un aumento proporcional de los costos. La IA se convierte en un poderoso aliado en este contexto, ya que puede optimizar procesos, automatizar tareas y proporcionar información valiosa que ayuda a las empresas a tomar decisiones más informadas.

El papel de la IA en la escalabilidad empresarial

La Inteligencia Artificial puede impactar diferentes aspectos de una empresa, desde marketing y ventas hasta servicio al cliente y operaciones internas. Algunas formas en que la IA ayuda a escalar las empresas incluyen:

1. Análisis de datos e información: La IA puede procesar grandes volúmenes de datos rápidamente, proporcionando información sobre el comportamiento del cliente, las tendencias del mercado y eficiencia operativa. Esto ayuda a las empresas a tomar decisiones. estar más informados e identificar áreas de crecimiento.

2. Automatización de procesos: Tareas Tareas repetitivas, como gestión de clientes potenciales, seguimiento de clientes y La atención al cliente se puede automatizar con el uso de IA. Eso no sólo reduce los costos operativos, sino que también libera equipo para centrarse en actividades más estratégicas.

3. Personalizando la experiencia del cliente: La IA puede analizar los datos del comportamiento del cliente y personalizarlos. ofertas y comunicaciones. Esto resulta en una experiencia de clientes más ricos y atractivos, aumentando la retención y satisfacción.

4. Optimización de marketing: Herramientas

de IA puede ayudar a optimizar las campañas de marketing segmentando las audiencias y ajustar estrategias en tiempo real en función del desempeño. Eso da como resultado una mayor eficiencia en el gasto en marketing y mejores tasas de conversión.

Ejemplos exitosos: empresas que escalaron con IA

Para ilustrar el impacto de la IA en la escalabilidad, echemos un vistazo a algunos ejemplos de empresas que han utilizado esta tecnología para crecer rápidamente.

1. Spotify

Spotify es uno de los ejemplos más notables de cómo la IA puede transformar un modelo de negocio. La plataforma utiliza algoritmos de aprendizaje automático para analizar el comportamiento de los usuarios y ofrecer recomendaciones personalizadas. Esto no sólo mejora la experiencia del usuario sino que también aumenta el tiempo que los usuarios pasan en la plataforma.

Además, la empresa invierte en herramientas de análisis predictivo que ayudan a comprender qué canciones pueden volverse virales, optimizando la creación de listas de reproducción y campañas de marketing. Como resultado, Spotify pudo ampliar su base de usuarios y convertirse en uno de los líderes mundiales en transmisión de música.

2. Airbnb

Airbnb, una plataforma de alojamiento, también es un ejemplo de cómo se puede utilizar la IA para escalar un negocio. La empresa utiliza IA para analizar los datos del comportamiento de los usuarios, incluidas las preferencias de viaje y los comentarios de los huéspedes. Con esta información, Airbnb puede ofrecer recomendaciones personalizadas y optimizar las búsquedas de propiedades para los usuarios.

Además, Airbnb ha implementado herramientas de inteligencia artificial para analizar la demanda en tiempo real, ajustando los precios y las estrategias de marketing en consecuencia. Esto permitió a la empresa aumentar sus ingresos y expandirse rápidamente a nuevos mercados en todo el mundo.

3. Fuerza de ventas

Salesforce es una empresa de software como servicio (SaaS) que utiliza IA para mejorar la experiencia del cliente y optimizar sus operaciones. La plataforma ofrece una herramienta llamada Einstein, que utiliza el aprendizaje automático para analizar los datos de los clientes y predecir las tendencias de ventas.

Las empresas que utilizan Salesforce pueden aprovechar conocimientos prácticos que ayudan a identificar oportunidades de ventas, aumentar la retención de clientes y optimizar las campañas de marketing. La implementación de IA ha permitido a Salesforce escalar rápidamente su base de clientes y ampliar sus ofertas.

4. HubSpot

HubSpot es otra empresa de SaaS que ha utilizado la inteligencia artificial para crecer. La plataforma ofrece una serie de herramientas de marketing, ventas y atención al cliente que utilizan IA para automatizar procesos y optimizar la experiencia del usuario.

Por ejemplo, HubSpot utiliza chatbots

con tecnología de inteligencia artificial para brindar atención al cliente 24 horas al día, 7 días a la semana. Esto no sólo mejora la satisfacción del cliente, sino que también libera al equipo de atención al cliente para centrarse en cuestiones más complejas. Con la ayuda de la IA, HubSpot pudo escalar sus operaciones y atender a un número cada vez mayor de clientes.

Estrategias para escalar su negocio utilizando IA

Para utilizar la IA como palanca de crecimiento, es importante implementar estrategias efectivas. A continuación se ofrecen algunos consejos sobre cómo escalar su negocio utilizando la IA:

1. Identificar procesos que se pueden automatizar: Revise sus operaciones para identificar tareas repetitivas que se puede automatizar. Esto puede incluir todo, desde servicio al cliente. al cliente hasta el análisis de los datos. Las herramientas de automatización pueden Libere tiempo y recursos para centrarse en actividades más importantes estratégicas.

2. Invierta en herramientas de análisis de datos: Utilice plataformas de análisis de datos que brinden información valiosa basado en IA. Esto le permitirá comprender mejor el Comportamiento del cliente, identificar tendencias y tomar decisiones. Información para guiar tu crecimiento.

3.

Personalice la experiencia del cliente: Usar IA para recopilar datos sobre el comportamiento del cliente y adaptarse sus ofertas y comunicaciones. La personalización puede aumentar la Tasa de satisfacción y retención del cliente.

4. Apuesta por el marketing basado en datos: Utilice herramientas de inteligencia artificial para optimizar sus campañas de marketing. El análisis predictivo puede ayudar a segmentar audiencias y ajustarlas tus estrategias en tiempo real, mejorando el retorno de la inversión inversión.

5. Capacite a su equipo con capacitación en IA: TIENE A medida que su empresa crece, es importante asegurarse de que su equipo estar familiarizado con las herramientas de IA que estás usando. Invierte en formación para asegurar tu equipo podemos aprovechar al máximo estas tecnologías.

Conclusión

La Inteligencia Artificial es una poderosa herramienta para escalar negocios de manera eficiente y sostenible. Las empresas que adoptan la IA para automatizar procesos, analizar datos y personalizar la experiencia del cliente están cosechando los frutos de un crecimiento acelerado.

De cara al futuro, la capacidad de adaptar e incorporar tecnologías emergentes como la IA será un diferenciador significativo para las empresas que buscan ampliar sus operaciones. El camino hacia el crecimiento es más accesible que nunca y la IA se presenta como un aliado fundamental en este proceso. Con las estrategias adecuadas y una mentalidad orientada a la innovación, cualquier empresa puede aprovechar el potencial de la IA para escalar y prosperar en el mercado.

CAPÍTULO 8: CREACIÓN DE PRODUCTOS DIGITALES CON ASISTENCIA DE IA

La creación de productos digitales, como cursos en línea, libros electrónicos y software, es una estrategia que ha ganado protagonismo como forma eficaz de generar ingresos pasivos. Con el auge de la Inteligencia Artificial (IA), la producción de estos productos se ha vuelto más accesible, rápida y personalizada. En este capítulo, exploraremos cómo la IA puede ayudar a crear productos digitales y resaltaremos ejemplos de plataformas que han utilizado esta tecnología para optimizar el aprendizaje y aumentar la eficiencia de la producción.

¿Qué son los productos digitales y por qué son importantes?

Los productos digitales se refieren a bienes intangibles que pueden venderse y distribuirse en línea. Esto incluye cursos en línea, libros electrónicos, software, plantillas y más. La principal ventaja de los productos digitales es que no requieren inventario físico y pueden venderse a una audiencia global, lo que permite a los creadores generar ingresos de forma escalable con bajos costos de mantenimiento.

Con la creciente demanda de aprendizaje en línea y transformación digital, la creación de productos digitales se ha convertido en una oportunidad viable para los emprendedores. Además, estos productos pueden proporcionar una fuente de ingresos pasivos donde los creadores ganan dinero incluso cuando no venden ni promocionan activamente sus productos.

Cómo la IA facilita la creación de productos digitales

La IA puede ser un poderoso aliado en la creación de productos digitales. Exploremos cómo puede ayudar con diferentes aspectos de este proceso:

1. Generación de contenido: Herramientas de IA, como ChatGPT, puede generar contenido escrito de alta calidad para cursos y libros. Esto incluye todo, desde la creación de módulos hasta aprender a escribir capítulos completos de libros electrónicos. EL La IA puede ayudar a los creadores a desarrollar más contenido rápidamente, ahorrando tiempo y esfuerzo.

2. Optimización del aprendizaje: Plataformas enseñanza en línea, cómo Udemy y Coursera, utilizar IA para personalizar la experiencia de aprendizaje de los estudiantes estudiantes. Basados en las interacciones y el progreso de los estudiantes, estos Las plataformas pueden adaptar el contenido, sugerir

cursos relevantes y incluso proporcionar comentarios en tiempo real.

3. Análisis de datos: La IA permite Los creadores analizan los datos de rendimiento de los estudiantes e identifican. áreas donde los estudiantes están experimentando dificultades. Eso permite realizar ajustes en los contenidos y la metodología de enseñanza, mejorar la efectividad de los cursos.

4. Desarrollo de software: No En el desarrollo de software, la IA puede automatizar procesos, como escribir código y realizar pruebas. herramientas de inteligencia artificial, como el Copiloto de GitHub, ayuda a los desarrolladores a generar código más rápido, mejorando la eficiencia en desarrollo de productos digitales.

5. Mercadotecnia y Ventas: La IA también puede ser Se utiliza para optimizar las estrategias de marketing. Con el análisis de datos sobre el comportamiento del consumidor, es posible segmentar audiencia objetivo y crear campañas de marketing más efectivas, aumentando las posibilidades de vender productos digitales.

Creación de cursos en línea con asistencia de IA

Los cursos en línea son una de las formas más populares de productos digitales. Con la ayuda de la IA, crear y lanzar un curso se vuelve más sencillo y eficaz. Estos son los pasos para crear un curso en línea usando IA:

1. Identificación de nicho y contenido: O El primer paso para crear un curso en línea es identificar un nicho que tiene demanda. La IA puede ayudar en esta etapa, analizando buscar tendencias e identificar temas populares. Herramientas como el Tendencias de Google y plataformas de cursos en línea puede proporcionar información valiosa sobre lo que son los estudiantes. Buscando.

2. Generación de contenido del curso: Después identificar el tema, puede utilizar herramientas de inteligencia artificial como ChatGPT, para generar contenido del curso. Esto puede incluir módulos, lecciones en video, material de lectura y cuestionarios. la IA puede ayudar a estructurar el contenido de una manera lógica y atractiva.

3. Desarrollo de materiales de apoyo: Y EL También se puede utilizar para crear materiales de apoyo como archivos PDF, infografías y cuestionarios. Estas herramientas ayudan a complementar la el contenido del curso y hacer el aprendizaje más dinámico.

4. Plataformas de Enseñanza: Elige uno Plataforma de enseñanza en línea para alojar su curso. Plataformas Cómo Udemy y Coursera ofrecen funciones sólidas para la gestión de

cursos, análisis del desempeño de los estudiantes e integración de comentario.

5.

Curso de marketing: La IA puede ayudar Optimiza tus campañas de marketing. Utilice herramientas de marketing digital, como Anuncios de Google y Anuncios de Facebook, le permite segmentar su público objetivo y promocionar su curso entre gente adecuada. Además, el análisis de datos puede ayudar Ajuste sus estrategias según el rendimiento de la campaña.

6.

Comentarios y mejoras continuas: Después lanzamiento del curso, use IA para recopilar y analizar comentarios de estudiantes. Esto ayudará a identificar áreas que necesitan mejoras y actualización de contenidos para satisfacer las necesidades de estudiantes.

Creación de libros con asistencia de IA

La creación de libros electrónicos es otra forma popular de generar ingresos pasivos. La IA puede facilitar el proceso de escritura y publicación de un libro. He aquí cómo:

1.

Investigación y Estructuración: Antes de escribir un libro, es importante realizar una investigación sobre el tema. la IA puede ayudar a recopilar información relevante e incluso sugerir una estructura del libro, basada en tendencias y temas populares.

2. Redacción de contenidos: Usando herramientas Al igual que ChatGPT, puedes generar capítulos completos de un libro electrónico. EL La IA puede ayudar a crear texto fluido y coherente, ahorrando tiempo y esfuerzo por escrito.

3. Edición y revisión: Aunque la IA puede generar texto, es esencial que revises y edites el contenido para asegurar la calidad. Herramientas de edición de IA como gramaticalmente, puede ayudar a identificar errores gramática y sugerir mejoras en el estilo de escritura.

4. Diseño y formato: Después de escribir y Editando el libro, el siguiente paso es el diseño y formato. Herramientas como Canva te permite crear portadas libros atractivos y formatee el contenido de forma profesional.

5. Publicación y Distribución: Plataformas como Publicación directa de Amazon Kindle y palabras aplastantes le permite publicar y distribuir su libro electrónico en una amplia variedad de mercados. Esto hace que la venta de libros electrónicos sea accesible para cualquiera, independientemente de su experiencia previa.

6. Promoción y Ventas: Utilice un párrafo IA Optimice sus campañas de

marketing segmentando el público objetivo y promocionar su libro electrónico en plataformas de redes sociales, blogs y otros canales. Usar marketing por correo electrónico también puede ser efectivo para llegar a lectores potenciales.

Creación de software asistido por IA

Crear software puede ser una tarea desafiante, pero la IA hace que el proceso sea más eficiente y accesible. A continuación se muestran algunas formas de utilizar la IA en la creación de software:

1. Planificación y Diseño: Antes de comenzar codificación, es importante tener un plan claro para el software. La IA puede ayudar a identificar las necesidades del usuario y sugerir características que satisfagan estas demandas.
2. Desarrollo de código: Herramientas como Copiloto de GitHub permitir a los desarrolladores generar codifica automáticamente, ahorrando tiempo y esfuerzo. la IA puede sugerir soluciones y mejorar la eficiencia del desarrollo.
3. Pruebas y depuración: La IA puede ser Se utiliza para automatizar pruebas de software, identificar errores y fracasos. Esto ayuda a garantizar que el software se lance con menos errores, mejorando la experiencia del usuario.
4. Análisis de rendimiento: Después del

lanzamiento software, utilice herramientas de inteligencia artificial para monitorear el rendimiento y recopilar comentarios de los usuarios. Esto le permitirá hacer mejoras continuas y mantener el software actualizado con las necesidades del mercado.

5. Mercadotecnia y Ventas: Utilice un párrafo IA Optimice sus campañas de marketing y llegue a su público objetivo. Las herramientas de análisis de datos pueden ayudar a identificar qué Los canales son más eficaces para promocionar su software.

Ejemplos exitosos de productos digitales creados con IA

Varios creadores han utilizado la IA para desarrollar productos digitales exitosos. Un ejemplo notable es el Aprendizaje automático y Coursera, que utiliza algoritmos de IA para personalizar el aprendizaje de los estudiantes. La plataforma analiza el progreso de los estudiantes y adapta el contenido en función de sus necesidades, lo que resulta en una experiencia de aprendizaje más efectiva.

Otro ejemplo es el libro electrónico "IA para todos", que fue escrito utilizando IA para generar contenido sobre el impacto de la inteligencia artificial en los negocios. El autor utilizó herramientas de inteligencia artificial para recopilar información y crear un libro electrónico atractivo que atrajo a una gran audiencia.

Además, las empresas de software como Canva Ofrezca plantillas y herramientas de diseño que utilicen IA para ayudar a los usuarios a crear diseños de forma rápida e intuitiva. Esto democratiza el acceso al diseño y permite a cualquiera crear productos visuales de alta calidad.

Conclusión

La creación de productos digitales con la ayuda de la Inteligencia Artificial está cambiando la forma de trabajar de los emprendedores y creadores de contenidos. Con herramientas que facilitan la generación de contenidos, la personalización del aprendizaje y el desarrollo de software, la IA se ha convertido en un aliado indispensable para quienes quieren generar ingresos pasivos.

Al adoptar estrategias que utilizan IA, no solo puede ahorrar tiempo y esfuerzo, sino también aumentar la efectividad y la calidad de los productos digitales que crea. Con la combinación adecuada de creatividad, tecnología y análisis de datos, las oportunidades de generar ingresos pasivos a través de productos digitales son prácticamente ilimitadas. El futuro de la creación de productos digitales es brillante y la IA desempeña un papel central en esta transformación.

CAPÍTULO 9: LA IA Y LA NUEVA ERA DEL MARKETING DIGITAL

El marketing digital ha experimentado una importante transformación en los últimos años, impulsada por la evolución de la tecnología y, especialmente, la Inteligencia Artificial (IA). Hoy en día, las empresas pueden utilizar la IA para optimizar sus campañas de marketing, dirigirse con precisión a audiencias y crear anuncios más eficaces. En este capítulo, exploraremos cómo la IA está dando forma a la nueva era del marketing digital, destacando ejemplos de emprendedores que se han enriquecido utilizando herramientas como Google Ads y Facebook Ads, impulsadas por IA.

La evolución del marketing digital

El marketing digital ha evolucionado rápidamente desde sus orígenes. Con la llegada de Internet y las redes sociales, las empresas obtuvieron acceso a una audiencia global, pero también enfrentaron el desafío de destacarse en un entorno saturado. Con el tiempo, las técnicas de marketing tradicionales, como el marketing por correo electrónico y el SEO, comenzaron a dar paso a enfoques más sofisticados que utilizan la IA para aumentar la eficacia de las campañas.

La IA ha brindado la capacidad de analizar grandes volúmenes de datos en tiempo real, lo que permite a las empresas tomar decisiones informadas y ajustar sus estrategias en función de conocimientos concretos. A medida que las tecnologías de IA se han vuelto más accesibles, las pequeñas y medianas empresas también han comenzado a adoptarlas, democratizando el acceso a herramientas que antes eran exclusivas de las grandes corporaciones.

El papel de la IA en el marketing digital

La IA juega un papel clave en varias áreas del marketing digital. A continuación se muestran algunas formas en que se utiliza la IA:

1.

Segmentación del público objetivo: A La segmentación es una de las partes más críticas de cualquier campaña. de mercadeo. La IA puede analizar datos demográficos, conductual y psicográfico para identificar segmentos de audiencia con más probabilidades de realizar una conversión. Con esto, el Las empresas pueden personalizar sus mensajes y ofertas, aumentando tasas de participación.

2.

Análisis predictivo: Análisis predictivo utiliza algoritmos de IA para prever comportamientos futuros dos consumidores basándose en datos históricos. Esto permite que el las empresas ajustan sus estrategias de marketing, identifican oportunidades de ventas y optimizar la gestión de leads.

3.

Crear anuncios optimizados: Las herramientas de inteligencia artificial pueden analizar el rendimiento de los anuncios a tiempo en tiempo real y realizar ajustes automáticos para mejorar la efectividad. Eso incluye cambios en elementos como texto, imágenes y segmentación, garantizar que los anuncios sean siempre relevantes e impactantes.

4. Optimización de precios: La IA puede analizar tendencias del mercado y comportamiento del consumidor para adaptarse precios de forma dinámica. Esta estrategia ayuda a las empresas Maximice sus ingresos y asegúrese de que los precios sean competitivo.

5. Automatización de marketing: Automatización de El marketing, impulsado por IA, permite a las empresas gestionar sus campañas a gran escala. Esto incluye el envío de correos electrónicos. personalización, seguimiento de leads y segmentación automática basado en interacciones anteriores.

Ejemplos de herramientas de IA en marketing digital

Varias herramientas y plataformas utilizan la IA para ayudar a las empresas a optimizar sus estrategias de marketing digital. Exploremos algunos de ellos:

1. Anuncios de Google

Google Ads es una de las plataformas publicitarias más populares y ofrece funciones avanzadas basadas en inteligencia artificial. El sistema de ofertas automáticas de Google utiliza el aprendizaje automático para optimizar las campañas en tiempo real. Esto significa que, según los datos de rendimiento y comportamiento del usuario, Google puede ajustar automáticamente las ofertas para garantizar que los anuncios se muestren a las personas adecuadas en el momento adecuado.

Ejemplo de éxito: Un emprendedor del sector del comercio electrónico, que vendía productos de moda, utilizó Google Ads para incrementar sus ventas. Implementó segmentación por audiencia y ofertas automáticas. Como resultado, las ventas aumentaron un 150% en sólo tres meses, con un retorno de la inversión publicitaria (ROAS) del 400%.

2. Anuncios de Facebook

Facebook Ads también es una plataforma poderosa que utiliza inteligencia artificial para mejorar la efectividad de las campañas. La plataforma ofrece capacidades avanzadas de orientación, lo que permite a las empresas dirigirse a audiencias específicas en función de intereses, comportamientos e interacciones pasadas.

Ejemplo de éxito: Una pequeña empresa de cosméticos utilizó anuncios de Facebook para promocionar su nuevo producto. Con una orientación precisa, la empresa pudo llegar a personas influyentes y consumidores interesados en la belleza. En cuestión de semanas, las ventas se dispararon y la marca ganó una visibilidad significativa en las redes sociales.

3. HubSpot

HubSpot es una plataforma de automatización de marketing que integra capacidades de inteligencia artificial para optimizar campañas. La herramienta analiza el comportamiento del usuario y proporciona recomendaciones personalizadas para mejorar la participación y la conversión.

Ejemplo de éxito: Una empresa de software como servicio (SaaS) utilizó HubSpot para automatizar su marketing por correo electrónico. La IA analizó datos sobre las interacciones de los clientes potenciales y envió contenido personalizado, lo que resultó en un aumento del 200 % en las tasas de apertura y clics, así como un crecimiento significativo en las conversiones.

4. MailChimp

Mailchimp, una popular plataforma de marketing por correo electrónico, también utiliza inteligencia artificial para optimizar campañas. Con capacidades de análisis predictivo, la herramienta puede predecir qué clientes potenciales tienen más probabilidades de abrir e interactuar con correos electrónicos, lo que permite a las empresas enviar mensajes específicos y relevantes.

Ejemplo de éxito: Una pequeña editorial utilizó Mailchimp para promocionar libros nuevos. El análisis predictivo ayudó a segmentar a los lectores según sus preferencias. El resultado fue un aumento del 50% en las ventas de nuevos lanzamientos respecto a campañas anteriores.

Estrategias para utilizar la IA en el marketing digital

Para aprovechar al máximo las oportunidades que ofrece la IA en el marketing digital, las empresas pueden adoptar las siguientes estrategias:

1. Establezca objetivos claros: Antes de implementar Cualquier estrategia de marketing es fundamental fijar objetivos. claro. Esto ayudará a medir el éxito de las campañas y ajustar enfoques según sea necesario.

2. Invierta en datos: Recopilación de datos de La calidad es fundamental para el éxito de las campañas basadas en AI. Invierta en herramientas de análisis que le permitan comprender el comportamiento del cliente e identificar patrones.

3. Personalice la experiencia del usuario: Utilice la segmentación y la personalización para ofrecer una experiencia de usuario única. Esto puede incluir recomendaciones de productos, contenidos específicos y ofertas especiales.

4. Probar y optimizar: El marketing digital es una campo dinámico y en constante evolución. Realizar pruebas A/B para Evalúe diferentes enfoques y optimice sus campañas en función de resultados.

5. Manténgase actualizado: tecnología de inteligencia artificial está en constante evolución. Manténgase al día con últimas tendencias e innovaciones en marketing digital para asegúrese de que sus estrategias estén

siempre alineadas con mejores prácticas.

El futuro del marketing digital con IA

El futuro del marketing digital es prometedor, especialmente con el avance de la IA. A medida que se desarrollen las tecnologías, las empresas tendrán acceso a nuevas herramientas y recursos que les permitirán personalizar aún más las experiencias de los clientes. Las tendencias que podemos esperar incluyen:

1. Mayor automatización: Con IA, automatización de los procesos de marketing serán aún más sofisticados. Eso permitirá a las empresas gestionar campañas a gran escala eficientemente, ahorrando tiempo y recursos.

2. Análisis en tiempo real: Las plataformas marketing continuará mejorando sus capacidades analíticas en en tiempo real, lo que permite realizar ajustes instantáneos a las campañas basadas en el desempeño.

3. Más interacciones humanas: La IA también será Se utiliza para crear interacciones más humanas, utilizando chatbots. y asistentes virtuales para brindar atención al cliente y responder preguntas de manera eficiente.

4. Contenido generado por IA: La generación de El contenido que utiliza IA se convertirá en una práctica común, lo que permitirá

empresas para crear materiales de marketing de alta calidad en general escala.

Conclusión

La Inteligencia Artificial está revolucionando el marketing digital, permitiendo a empresas de todos los tamaños optimizar sus campañas y lograr resultados significativos. Con segmentación, análisis predictivo y capacidades optimizadas de creación de anuncios, las empresas están mejor equipadas que nunca para destacarse en un mercado competitivo.

Ejemplos de emprendedores que se han enriquecido utilizando herramientas de marketing digital impulsadas por IA demuestran el potencial de esta tecnología. Al adoptar estrategias basadas en datos y explorar las posibilidades que ofrece la IA, las empresas no sólo pueden aumentar sus ingresos sino también construir relaciones duraderas con sus clientes. El marketing digital, impulsado por la IA, apenas está comenzando y las oportunidades para innovar y crecer son infinitas.

CAPÍTULO 9: LA IA Y LA NUEVA ERA DEL MARKETING DIGITAL

La era digital ha traído profundas transformaciones en las estrategias de marketing. El auge de la Inteligencia Artificial (IA) no sólo ha revolucionado la forma en que las empresas se comunican con los consumidores, sino que también ha proporcionado una nueva forma de entender e interactuar con el mercado. Este capítulo explorará cómo se aplica la IA a las campañas de marketing digital, destacando su importancia en la segmentación de audiencias, el análisis predictivo y la creación de anuncios optimizados. Además, presentaremos ejemplos de emprendedores que se hicieron ricos utilizando herramientas como Google Ads y Facebook Ads.

La revolución del marketing digital

En los últimos años, el marketing digital se ha convertido en un componente esencial de las estrategias empresariales. Con el uso cada vez mayor de Internet y las redes sociales, las empresas ahora tienen acceso a una inmensa cantidad de datos sobre el comportamiento del consumidor. Esta nueva realidad ha creado un entorno en el que las empresas deben ser ágiles e innovadoras para destacar.

La IA ha surgido como una solución poderosa capaz de procesar grandes volúmenes de datos y extraer información significativa. Esto ha permitido a las empresas personalizar sus campañas y optimizar su eficacia de formas sin precedentes.

Orientación al público con IA

La segmentación por audiencia es una de las áreas donde la IA tiene un impacto significativo. Tradicionalmente, las empresas utilizaban datos demográficos básicos para segmentar a sus clientes. Sin embargo, la IA permite un enfoque mucho más sofisticado, utilizando algoritmos avanzados para identificar patrones complejos de comportamiento.

Con las herramientas de IA, las empresas pueden segmentar sus audiencias en función de una variedad de factores, que incluyen:

1. Comportamiento de navegación: Y ANÁLISIS hábitos de navegación de los usuarios, permitiendo a las empresas Identificar qué productos o servicios son más relevantes para diferentes grupos.
2. Interacciones en Redes Sociales:O El comportamiento del usuario en las plataformas de redes sociales puede proporcionar información valiosa sobre sus preferencias y intereses. La IA puede analizar estos datos para crear segmentos más precisos preciso.
3. Datos históricos de compras: Análisis de

Los datos históricos de compras le ayudan a identificar tendencias y patrones que se pueden utilizar para segmentar campañas en un más eficaz.

Un ejemplo notable es el uso de la IA por Anuncios de Facebook, que permite a las empresas orientar anuncios a audiencias muy específicas. Con capacidades de orientación basadas en intereses, comportamientos y características demográficas, las empresas pueden crear campañas que respondan directamente a las necesidades de su público objetivo.

Análisis predictivo y toma de decisiones

El análisis predictivo es una técnica que utiliza algoritmos de inteligencia artificial para predecir el comportamiento futuro basándose en datos históricos. Este enfoque es particularmente útil en marketing, ya que permite a las empresas anticipar las necesidades de los consumidores y ajustar sus estrategias en consecuencia.

Las empresas pueden utilizar análisis predictivos para:

- Identificar oportunidades de ventas: Hacia analizar el comportamiento pasado de los clientes, las empresas pueden Identificar qué productos o servicios tienen más probabilidades de adquirirse en el futuro.

- Mejore la experiencia del cliente: A El análisis predictivo puede ayudar a las empresas a personalizar Interacciones con clientes, envío de recomendaciones y ofertas. personalizado.

-

Optimizar campañas de marketing: Con el capacidad de predecir qué estrategias de marketing serán más eficaz, las empresas pueden asignar recursos de manera más eficiente y maximizar el retorno de la inversión (ROI).

Un ejemplo práctico es el uso de Anuncios de Google con ofertas automáticas. El sistema de ofertas de Google utiliza IA para ajustar automáticamente las ofertas en función de la probabilidad de conversión de cada usuario. Esto garantiza que los anuncios se muestren a las personas adecuadas, lo que aumenta la eficacia de la campaña.

Crear anuncios optimizados

La creación de anuncios optimizados es otra área en la que la IA está marcando una diferencia significativa. Las herramientas impulsadas por IA pueden analizar el rendimiento de los anuncios en tiempo real y sugerir ajustes para maximizar la efectividad.

Las empresas pueden utilizar la IA para:

- Generar contenido publicitario: Alguno Las herramientas de IA son capaces de crear automáticamente textos y imágenes para anuncios basadas en datos sobre el público objetivo y tendencias del mercado.

- Pruebe varias versiones de anuncios: Con el capacidad de realizar pruebas A/B a gran escala, las empresas Puedes probar diferentes variaciones de anuncios para identificar cuáles generan mejores resultados.

- Ajustar elementos en tiempo real: La IA puede

supervisar el rendimiento de los anuncios y realizar ajustes instantáneos, cómo cambiar el texto, imagen o segmentación, asegurando que el La campaña siempre está optimizada.

Un ejemplo de éxito es la empresa. Jaspe IA, que utiliza IA para crear contenido publicitario y de marketing. Los emprendedores que utilizan esta herramienta reportan aumentos significativos en las tasas de conversión, ahorrando tiempo y recursos al crear campañas.

Ejemplos de emprendedores que se hicieron ricos con la IA

Muchos emprendedores han tenido éxito al utilizar la IA en sus estrategias de marketing digital. Aquí hay algunos ejemplos inspiradores:

1.

Neil Patel: Un reconocido experto en marketing digital, Neil Patel utiliza la IA para optimizar su Campañas SEO y marketing de contenidos. el a menudo comparte sus experiencias sobre cómo el análisis de datos y La automatización del marketing ayudó a escalar su negocio, lo que resultó en en millones de dólares en ingresos.

2.

Pooja Makhijani: Fundador de la agencia marketing digital "RooMie", Pooja utiliza herramientas de inteligencia artificial para analizar los datos de los clientes y personalizar las campañas de marketing anuncios. Su agencia ha experimentado un crecimiento exponencial en los últimos años años ayudando a las pequeñas empresas a aumentar su visibilidad en línea.

3.

Drew Sanocki: Fundador de la empresa Comercio electrónico "AutoAnything", Drew utilizó IA para segmentar a tus clientes y optimiza tus campañas de marketing digital. Eso resultó en un crecimiento significativo de los ingresos, lo que permitió vendió la empresa por una suma considerable.

Estrategias para implementar la IA en el marketing digital

Para que las empresas aprovechen al máximo la IA en sus campañas de marketing digital, aquí hay algunas estrategias que pueden adoptar:

1.

Invierta en herramientas de inteligencia artificial: Elección plataformas que ofrecen capacidades de IA integradas, como Google Ads, Facebook Ads y herramientas de automatización de marketing. Estos Las herramientas pueden simplificar los procesos y aumentar la eficacia de campañas.

2.

Analizar y utilizar datos: Recopilación y análisis Los datos son fundamentales para el éxito de las campañas basadas en AI. Las empresas deberían invertir en herramientas de análisis que Le permitirá comprender el comportamiento del consumidor y optimizar su estrategias.

3.

Crear contenido personalizado: Utilice

un Segmentación avanzada y análisis predictivo para crear contenido relevante y personalizado para su público objetivo. Esto no sólo mejora la experiencia del cliente, pero también aumenta probabilidad de conversión.

4. Manténgase actualizado sobre las tendencias:O El marketing digital está en constante evolución. Las empresas deben mantenerse informado sobre las últimas tendencias e innovaciones en IA para garantizar que sus estrategias estén siempre alineadas con mejores prácticas.

5. Pruebe y optimice constantemente: Oh marketing Lo digital es un campo dinámico. Realiza pruebas A/B y optimiza Las campañas basadas en resultados son esenciales para maximizar el ROI.

El futuro del marketing digital con IA

El futuro del marketing digital está indiscutiblemente ligado a la evolución de la Inteligencia Artificial. A medida que avanza la tecnología, se espera que las empresas se vuelvan aún más eficientes a la hora de personalizar las experiencias de los clientes y crear campañas impactantes.

Las tendencias futuras incluyen:

1. Mayor integración de la IA: AI será cada uno cada vez más integrado en las plataformas de marketing, permitiendo Las

empresas automatizan aún más sus procesos y toman decisiones.   basado en datos.
2.   Experiencias interactivas: Con la mejora de las tecnologías de IA, las empresas podrán crear   marketing más interactivo y atractivo, como chatbots y   asistentes virtuales que ofrecen soporte en tiempo real.
3.   Análisis de sentimiento: A IA permitirá que Las empresas analizan el sentimiento del consumidor en relación con   sus productos y servicios, ayudando a ajustar las estrategias de marketing   marketing en consecuencia.
4.   Contenido generado por IA: La creación de El contenido será cada vez más automatizado, lo que permitirá   Las empresas producen materiales de marketing de alta calidad en grandes cantidades.   escala.

Conclusión

La Inteligencia Artificial está redefiniendo el marketing digital, brindando nuevas oportunidades para que las empresas conecten con sus audiencias objetivo de manera más efectiva. Con orientación avanzada, análisis predictivo y creación de anuncios optimizada, las empresas están mejor equipadas que nunca para destacarse en un mercado competitivo.

Ejemplos de emprendedores que se han enriquecido utilizando herramientas de marketing digital impulsadas por IA demuestran el potencial de esta tecnología. Al adoptar estrategias basadas en datos y explorar las posibilidades que ofrece la IA, las empresas no sólo pueden aumentar sus ingresos sino también construir relaciones duraderas con sus clientes. El marketing digital, impulsado por la IA, es un campo en constante evolución y las oportunidades para innovar y crecer son infinitas.

CAPÍTULO 10: VENTAS ONLINE AUTOMATIZADAS CON IA

La venta online se ha convertido en una de las formas de comercio más populares y la Inteligencia Artificial (IA) está jugando un papel vital en este escenario. Desde la automatización del servicio al cliente hasta la gestión de inventario y logística, la IA permite a empresas de todos los tamaños, desde gigantes como Amazon y Alibaba hasta pequeños empresarios, optimizar sus operaciones y aumentar sus ventas. En este capítulo, exploraremos cómo se puede aplicar la IA en el comercio electrónico, presentando ejemplos prácticos y estrategias que ayuden a maximizar los resultados.

La revolución del comercio electrónico con IA

En los últimos años, el comercio electrónico ha experimentado una revolución, impulsada por las tecnologías digitales y la creciente demanda de comodidad y personalización por parte de los consumidores. La IA se ha convertido en una poderosa herramienta para satisfacer estas expectativas, permitiendo a las empresas ofrecer experiencias de compra más inteligentes y personalizadas.

La adopción de la IA en el comercio electrónico no es sólo una tendencia; Es una necesidad para quienes quieren seguir siendo competitivos. A continuación, exploraremos las diferentes formas en que se puede aplicar la IA al comercio electrónico.

Servicio al cliente con chatbots

Uno de los primeros puntos de contacto que tienen los clientes con una tienda online es el servicio de atención al cliente. Los chatbots, impulsados por IA, han transformado esta interacción, brindando respuestas instantáneas y soporte 24 horas al día, 7 días a la semana. Esta automatización no solo mejora la experiencia del cliente sino que también reduce los costos operativos.

Beneficios de los chatbots:

1. Respuestas Inmediatas: Los chatbots pueden responder preguntas frecuentes en tiempo real, ahorrando tiempo clientes y liberar al equipo de atención al cliente para tratar con cuestiones más complejas.
2. Personalización: Con el uso de IA, Los chatbots pueden personalizar las interacciones con los clientes según en su historial de compras y preferencias.
3. Disponibilidad: Los chatbots pueden funcionar 24 horas al día, 7 días a la semana horas

al día, los 7 días de la semana, garantizando que los clientes estén siempre tener acceso a apoyo, independientemente del tiempo.

Ejemplo práctico: A comprar, una de las plataformas de comercio electrónico más populares, permite a los emprendedores integrar fácilmente chatbots en sus tiendas online. Esto permite a las pequeñas empresas ofrecer un servicio al cliente de calidad similar al de las grandes corporaciones.

Gestión de Inventario y Logística

Otra área donde la IA tiene un impacto significativo en el comercio electrónico es la gestión de inventarios y la logística. La capacidad de pronosticar la demanda y optimizar la gestión del inventario es crucial para minimizar los costos y maximizar la eficiencia.

Cómo ayuda la IA en la gestión de inventario:

1. Previsión de demanda: La IA puede analizar datos históricos de ventas, tendencias del mercado y factores temporadas para predecir la demanda del producto. Esto permite que el Las empresas ajustan sus existencias de forma proactiva, evitando escasez o exceso de productos.

2. Optimización del almacenamiento: Con la ayuda de Algoritmos de IA, las empresas pueden optimizar el diseño de productos en almacenes, asegurando que los artículos más vendidos sean más accesibles y que el espacio

se aproveche de forma eficiente.
3.

Logística inteligente: La IA puede optimizar rutas de entrega, considerando factores como el tráfico, el clima y tiempo de entrega esperado. Esto da como resultado una logística más eficiente. costos operativos eficientes y reducidos.

Ejemplo práctico: A Amazonas utiliza IA para gestionar su amplia red de almacenes y logística. El sistema es capaz de predecir la demanda de productos y ajustar automáticamente los niveles de existencias, garantizando que los productos estén siempre disponibles para un envío rápido.

Personalización de la Experiencia de Compra

La personalización es uno de los principales beneficios que aporta la IA al comercio electrónico. Utilizando algoritmos avanzados, las empresas pueden ofrecer recomendaciones de productos personalizadas, mejorando la experiencia del cliente y aumentando las ventas.

Cómo funciona la personalización:

1.

Recomendaciones basadas en el comportamiento: A La IA analiza el comportamiento de navegación de los usuarios y las compras anteriores clientes para ofrecer recomendaciones personalizadas. Esto aumenta la probabilidad de compras adicionales.
2.

Ofertas Personalizadas: Con IA, las

empresas pueden crear campañas de marketing específicas basadas en las preferencias de los consumidores. Esto incluye descuentos, promociones. y productos que puedan interesar al cliente.

3. Pruebas A/B para personalización: Y EL permite a las empresas realizar pruebas A/B para optimizar el Personalización, ajuste de ofertas en función de las respuestas de los clientes. clientes.

Ejemplo práctico: A Alibaba, una de las plataformas de comercio electrónico más grandes del mundo, utiliza IA para personalizar la experiencia de compra. El sistema recomienda productos basándose en el historial de compras y las interacciones de los usuarios, lo que aumenta la probabilidad de conversiones.

Análisis de datos e información

La recopilación y el análisis de datos son esenciales para comprender el comportamiento del consumidor y optimizar las estrategias de comercio electrónico. La IA puede procesar grandes volúmenes de datos y extraer información valiosa que ayuda a los emprendedores a tomar decisiones informadas.

Cómo la IA mejora el análisis de datos:

1. Identificación de patrones: La IA puede Identificar patrones de compra y comportamiento del consumidor que puede que no sea visible a simple vista. Esto ayuda a las empresas a comprender mejor las preferencias de sus clientes.

2.

Segmentación de clientes: Con el análisis de datos, las empresas pueden segmentar a sus clientes en grupos basados sobre características similares. Esto permite campañas de marketing. más eficaz y dirigido.

3.

Informes en tiempo real: Las herramientas La IA puede generar informes en tiempo real sobre el rendimiento de ventas, permitiendo ajustes inmediatos a las estrategias.

Ejemplo práctico: Pequeños empresarios que utilizan plataformas como Gran comercio pueden integrar herramientas de análisis de datos impulsadas por IA para comprender mejor el comportamiento de sus clientes y optimizar sus operaciones.

Ejemplos de pequeños empresarios que utilizan la IA

Aunque gigantes como Amazon y Alibaba son claros ejemplos del uso de la IA en el comercio electrónico, muchos pequeños emprendedores también se están beneficiando de esta tecnología para incrementar sus ventas online. Aquí hay algunos ejemplos inspiradores:

1.

La tienda de ropa "EcoFashion": Esta pequeña tienda en línea utiliza chatbots para servicio al cliente y recomendaciones de productos personalizadas basadas en el historial de navegación compras. Como resultado, la tienda experimentó un aumento del 30% en las ventas en sólo seis meses.

2.

El negocio de cosméticos "BeautyBox": Esta empresa utiliza IA para predecir la demanda de productos y optimizar la gestión de inventario. Como resultado, redujeron costos. operativa en un 20%, lo que les permite ofrecer precios más bajos competitivo.

3.

La tienda de electrónica "GadgetGuru": Utilizando herramientas de análisis de datos, la tienda segmentó su base de clientes y creó campañas de marketing específicas. El resultado Hubo un aumento del 50% en la tasa de conversión durante la temporada de marketing. compras.

Estrategias para implementar la IA en el comercio electrónico

Para que los pequeños emprendedores aprovechen al máximo la IA en sus operaciones de comercio electrónico, es importante seguir algunas estrategias:

1.

Elija herramientas de comercio electrónico con integraciones por IA: Plataformas como Shopify, BigCommerce y WooCommerce Ofrecer integraciones de IA que pueden facilitar la automatización de procesos y personalización de la experiencia del cliente.

2.

Implementar chatbots: Utilice chatbots en su sitio web para mejorar el servicio al cliente y responder preguntas frecuente. Esto no sólo mejora la experiencia del cliente, sino que

También libera tiempo para el equipo.

3. Utilice el análisis de datos para fundamentar las decisiones: Invierta en herramientas de análisis de datos que le permitan comprender el el comportamiento de sus clientes y optimizar sus operaciones. Los datos son el El nuevo petróleo y la IA pueden ayudarle a extraer información valiosa.

4. Personalice la experiencia del cliente: Utilice IA para ofrecer recomendaciones y promociones de productos personalizado. Esto puede aumentar las tasas de conversión y satisfacción del cliente.

5. Manténgase actualizado sobre las tendencias: El campo de la IA está en constante evolución. Mantente informado sobre las últimas innovaciones y tendencias para asegurar su La empresa está siempre a la vanguardia del comercio electrónico.

El futuro del comercio electrónico con IA

A medida que avanza la tecnología, el futuro del comercio electrónico basado en IA es prometedor. Se espera que la adopción de la IA sea aún más frecuente, lo que permitirá a las empresas ofrecer experiencias de compra cada vez más personalizadas y eficientes.

Las tendencias que podemos esperar incluyen:

1.

Más experiencias de compra interactivas: Con la mejora de las tecnologías de inteligencia artificial, las experiencias de compra será más interactivo y atractivo, con la posibilidad de Utilizar realidad aumentada y virtual.

2. Optimización total de la cadena de suministro: La IA permitirá una optimización aún mayor de la cadena de suministro suministros, desde la producción hasta la entrega, asegurando que Los productos llegan a los consumidores de forma rápida y eficiente.

3. Análisis de sentimiento en tiempo real: Y EL podrá analizar el sentimiento del consumidor hacia productos y marcas en tiempo real, ayudando a las empresas a ajustar sus estrategias de marketing de manera más efectiva.

4. Soluciones de pago innovadoras: Y EL también influirá en las soluciones de pago, con posibilidad de integrar pagos por reconocimiento facial y otras tecnologías avanzadas.

Conclusión

La Inteligencia Artificial está transformando el comercio electrónico de maneras que antes eran inimaginables. Desde automatizar el servicio al cliente con chatbots hasta optimizar la gestión de inventario y la logística, la IA ofrece herramientas poderosas para ayudar a las empresas a aumentar sus ventas y mejorar la experiencia del cliente.

Ejemplos de grandes empresas como Amazon y Alibaba, así como de pequeños empresarios, demuestran el potencial de la IA para optimizar las operaciones e impulsar el crecimiento. Al adoptar estrategias basadas en IA, las empresas no sólo pueden seguir siendo competitivas sino también prosperar en un mercado en rápida evolución.

A medida que avanzamos hacia el futuro, la importancia de la IA en el comercio electrónico seguirá creciendo, ofreciendo nuevas oportunidades de innovación y éxito. Las empresas que adopten esta tecnología estarán mejor posicionadas para satisfacer las expectativas de los consumidores y destacarse en un mercado cada vez más competitivo.

CAPÍTULO 11: IA EN EL MERCADO INMOBILIARIO: TRANSFORMANDO LAS INVERSIONES

En los últimos años, el mercado inmobiliario ha sido testigo de una importante transformación impulsada por la Inteligencia Artificial (IA). Desde predecir precios hasta analizar oportunidades de inversión, la IA está cambiando la forma en que los inversores, corredores y compradores interactúan con el mercado. En este capítulo, exploraremos las diversas formas en que la IA está revolucionando la industria inmobiliaria, presentando ejemplos prácticos y discutiendo cómo los inversores pueden beneficiarse de esta tecnología.

El crecimiento del uso de la IA en el mercado inmobiliario

El mercado inmobiliario se caracteriza tradicionalmente por ser un sector que depende en gran medida de información analógica, como visitas a propiedades y valoraciones realizadas por expertos. Sin embargo, la creciente cantidad de datos disponibles y los avances en la tecnología de inteligencia artificial están permitiendo a los profesionales de la industria tomar decisiones más informadas y basadas en datos.

Por qué la IA es esencial para el mercado inmobiliario:

1.

Acceso a grandes cantidades de datos: Y EL Puede procesar y analizar grandes volúmenes de datos rápidamente. y eficiente. Esto es crucial en la industria inmobiliaria, donde la información sobre precios inmobiliarios, tendencias del mercado y datos la demografía es abundante.

2.

Predicciones más precisas: La capacidad de la IA predecir precios y tendencias del mercado puede ayudar inversores para identificar oportunidades antes de que se conviertan en evidente para el público en general.

3.

Análisis predictivo: La IA permite el análisis predictivo, que puede ayudar a los inversores y corredores a evaluar el viabilidad de una inversión basada en datos históricos y tiempo real.

Predicción de precios con IA

Uno de los mayores desafíos en el mercado inmobiliario es determinar el valor adecuado de una propiedad. Tradicionalmente, esto implicaba evaluaciones manuales y análisis comparativos de ventas. Sin embargo, plataformas como Zillow están utilizando la IA para revolucionar esta práctica.

Cómo funciona la previsión de precios:

1. Algoritmos de aprendizaje automático: A Zillow utiliza algoritmos de aprendizaje automático para analizar datos de ventas anteriores, características de la propiedad y tendencias del mercado. Estos algoritmos están entrenados para Identificar patrones que influyen en los precios de las propiedades.
2. Ajustes en tiempo real: Como nuevo la información está disponible, la IA puede ajustarse rápidamente pronósticos de precios, haciendo que las estimaciones sean más precisas y confiable.
3. Datos de mercado: La plataforma recoge un amplia gama de datos, incluido el historial de ventas, características de propiedades (como tamaño, número de habitaciones, ubicación), y factores externos como escuelas y transporte público.

Ejemplo práctico: A Zillow, una de las plataformas inmobiliarias más conocidas, utiliza su algoritmo "Zestimate" para predecir el valor de las propiedades. Los usuarios pueden ver estimaciones de precios en tiempo real, lo que les ayuda a tomar decisiones de compra y venta más informadas. Este enfoque ha contribuido a la democratización del acceso a la información inmobiliaria.

Identificación de oportunidades de inversión

La IA también está revolucionando la forma en que los inversores identifican oportunidades en el mercado inmobiliario. En lugar de depender únicamente del conocimiento y la intuición, la tecnología puede ayudar a encontrar propiedades que cumplan criterios específicos y tengan potencial de apreciación.

Herramientas de IA para la identificación de oportunidades:

1. Análisis de tendencias del mercado: Y EL puede analizar datos de mercado e identificar tendencias emergentes, ayudar a los inversores a identificar áreas en alza antes que los inversores los precios se disparan.

2. Análisis de propiedad: Algoritmos de IA puede evaluar automáticamente propiedades en función de una variedad de factores, incluyendo ubicación, características e historia. de precios.

3. Comparación de propiedades: La IA puede ayudar a comparar múltiples propiedades basadas en datos objetivos, permitiendo a los inversores tomar decisiones más informadas.

Ejemplo práctico: La empresa CasaCanario utiliza IA para proporcionar análisis detallados sobre propiedades y mercados. La plataforma ofrece información sobre las tendencias de los precios y el potencial alcista, lo que permite a los inversores tomar decisiones más informadas sobre dónde asignar su capital.

Automatización de Procesos Inmobiliarios

La IA no solo mejora el análisis de datos y la previsión de precios, sino que también automatiza muchos procesos que antes eran manuales y requerían mucho tiempo.

Ejemplos de automatización:

1. Procesamiento de documentos: La IA puede automatizar el análisis de documentos legales y contractuales, identificar rápidamente cláusulas relevantes y reducir el tiempo necesario para la revisión.
2. Servicio al cliente: Chatbots potenciados by AI puede responder preguntas frecuentes de los clientes y compradores potenciales, mejorando la eficiencia del servicio al cliente cliente y liberando a los corredores para centrarse en las ventas.
3. Comercialización Inmobiliaria: La IA puede ayudar con segmentación de campañas de marketing, direccionamiento de anuncios a audiencias específicas con más probabilidades de realizar una conversión, basado en datos demográficos y de comportamiento.

Ejemplo práctico: A rex es una plataforma que utiliza IA para automatizar diversas funciones dentro de la industria inmobiliaria, desde marketing hasta gestión de clientes potenciales. Esto no sólo ahorra tiempo sino que también mejora la eficiencia general de los procesos de ventas.

Análisis de Riesgos y Oportunidades de Financiamiento

Otra aplicación importante de la IA en el mercado inmobiliario es el análisis de riesgos y la identificación de oportunidades de financiación. Los inversores y las instituciones financieras pueden utilizar modelos de IA para evaluar la viabilidad de proyectos inmobiliarios.

Cómo ayuda la IA en el análisis de riesgos:

1. Calificación crediticia: La IA puede analizar datos financieros e historial crediticio para determinar la solvencia de un inversor o de un proyecto, reduciendo el riesgo de por defecto.

2. Análisis de tendencias económicas: Y EL puede monitorear los indicadores económicos y de mercado, permitiendo Los inversores ajustan sus estrategias en función de las condiciones. economías cambiantes.

3. Valoración de propiedades: Análisis El análisis predictivo puede ayudar a estimar el potencial de apreciación de un propiedad, lo que permite a los inversores ganar más informado.

Ejemplo práctico: La empresa Enodón utiliza IA para proporcionar análisis de riesgo y rendimiento de inversiones inmobiliarias. La plataforma ofrece información detallada sobre el rendimiento inmobiliario, lo que ayuda a los inversores a evaluar la viabilidad de sus decisiones de inversión.

El futuro del mercado inmobiliario con IA

A medida que la tecnología de IA siga evolucionando, es probable que el mercado inmobiliario experimente cambios aún más significativos. La capacidad de procesar datos en tiempo real y predecir tendencias puede transformar completamente la forma en que se compran y venden propiedades.

Tendencias futuras:

1. Inteligencia de mercado en tiempo real: Y EL permitirá a las empresas ofrecer datos en tiempo real sobre la desempeño de propiedades y mercados, ayudando a los inversores a reaccionar rápidamente a los cambios en las condiciones del mercado.
2. Integración de tecnologías emergentes: A combinando la IA con otras tecnologías emergentes como blockchain y la realidad virtual, pueden crear nuevas oportunidades y Formas de interacción en el mercado inmobiliario.
3. Experiencias de compra personalizadas: A Personalizando la experiencia del comprador a través de IA. permitirá a los inversores encontrar propiedades que cumplan

exactamente a sus necesidades y preferencias.

Ejemplos de profesionales que se hicieron ricos con la IA en el mercado inmobiliario

Aunque a menudo se mencionan las grandes plataformas de IA, son muchos los inversores y profesionales que han utilizado esta tecnología para alcanzar el éxito. Aquí hay algunos ejemplos inspiradores:

1. El Inversionista Inmobiliario "Carlos Santos": Carlos utilizó plataformas de IA para identificar áreas en crecimiento en tu ciudad. Según el análisis, invirtió en propiedades que han visto un aumento significativo en su valor, resultando en un retorno de la inversión del 150% en sólo tres años.

2. La corredora "Ana Luiza": Ana implementó chatbots en su práctica de bienes raíces, lo que le permite servir a un mayor volumen de clientes e incrementar sus ventas. Como Como resultado, sus ingresos aumentaron un 40% en un año.

3. Una startup "Smart Realty": Fundado por un grupo de emprendedores, esta empresa utiliza IA para automatizar el proceso de compra y venta de propiedades. El éxito de la startup llevó a un aumento significativo de la inversión, lo que les permitirá expandirse sus operaciones rápidamente.

Conclusión

La Inteligencia Artificial está revolucionando el mercado inmobiliario, ofreciendo herramientas y conocimientos que ayudan a los inversores a tomar decisiones más informadas y maximizar sus rentabilidades. Desde la predicción de precios hasta la automatización de procesos, la IA está transformando la forma en que interactuamos con el mercado inmobiliario.

Con ejemplos prácticos de plataformas como Zillow y HouseCanary, así como de profesionales que se han enriquecido gracias a esta tecnología, queda claro que la IA es una herramienta poderosa para cualquiera que quiera invertir con éxito en el sector inmobiliario.

A medida que avanzamos hacia un futuro cada vez más digital, quienes adopten la IA como parte de sus estrategias de inversión estarán mejor posicionados para aprovechar las oportunidades que ofrece el mercado inmobiliario. El potencial de la IA para dar forma al futuro de la industria es inmenso, y los inversores que se adapten a esta nueva realidad estarán a la vanguardia del éxito.

12: IA Y ECONOMÍA CREATIVA: ARTE, MÚSICA Y DISEÑO

La Inteligencia Artificial (IA) está redefiniendo los límites de la creatividad, permitiendo a artistas, músicos y diseñadores explorar nuevas dimensiones de expresión y monetización. En este capítulo, investigaremos cómo la IA está dando forma a la economía creativa y cómo los individuos se benefician de esta tecnología innovadora. Cubriremos ejemplos prácticos de cómo se utiliza la IA para crear arte, música y diseño, y cómo estos creadores se benefician de sus producciones.

La intersección entre IA y creatividad

Históricamente, la creatividad ha sido vista como un ámbito exclusivamente humano. Sin embargo, con los avances de la IA, esta perspectiva está cambiando. Hoy en día, la IA no sólo ayuda a los creadores sino que también participa activamente en el proceso creativo. Este fenómeno genera un nuevo paradigma en el arte, la música y el diseño, donde máquinas y humanos colaboran para producir obras innovadoras.

Cómo la IA facilita la creatividad:

1.

Herramientas de creación: Softwares de IA Ofrecer herramientas que ayuden a los artistas a desarrollar sus ideas y explorar nuevas direcciones creativas. Esto incluye software que generar patrones visuales incluso programas que componen música.

2.

Inspiración: La IA puede analizar grandes Volúmenes de datos culturales, tendencias artísticas y estilos. música, proporcionando a los creadores conocimientos que pueden inspirar nuevos obras.

3.

Personalización: La IA se puede programar comprender las preferencias del usuario, creando experiencias Obras de arte personalizadas e interactivas.

IA en la creación de arte

El arte generado por IA está ganando terreno en el mundo del arte contemporáneo. Los artistas digitales están utilizando algoritmos y redes neuronales para crear obras que desafían las normas tradicionales de creación artística.

Ejemplos de herramientas artísticas basadas en IA:

1.

DeepArt y Artbreeder: Estas plataformas permitir a los usuarios crear obras de arte utilizando las redes neural. DeepArt aplica estilos artísticos a fotografías, mientras que Artbreeder te permite combinar imágenes para crear nuevas obras.

2. DALL-E: Desarrollado por OpenAI, este El sistema es capaz de generar imágenes a partir de descripciones textuales. Los artistas han utilizado esta herramienta para crear obras que serían difícil o imposible de realizar manualmente.

Monetización del arte generado por IA:

Los artistas que utilizan la IA para crear obras están encontrando formas de monetizar sus creaciones. Vender NFT (tokens no fungibles) es una de las formas más populares de sacar provecho del arte digital.

- Ejemplo de monetización: El artista digital Refik Anadol utiliza IA para crear instalaciones Imágenes impresionantes. Vende sus obras como NFT en plataformas como OpenSea, que atraen a coleccionistas e inversores Interesado en el arte digital.

IA en la composición musical

La música también se ve afectada por la IA. Los compositores y músicos están explorando herramientas de inteligencia artificial para generar melodías, armonías e incluso letras de canciones. Esto no sólo facilita el proceso de composición, sino que también abre nuevas posibilidades creativas.

Ejemplos de herramientas musicales basadas en IA:

1.

Música Amper: Esta plataforma permite los usuarios crean música personalizada utilizando IA. los usuarios seleccione estilos y parámetros, y la IA compone la música en cuestión de minutos.

2.

Jukedeck OpenAI: Jukedeck le permite creación de bandas sonoras originales para videos, brindando creadores de contenido una manera fácil de obtener música sin cuestiones de derechos de autor.

Monetización de la música creada por IA:

Los músicos que utilizan IA están encontrando nuevas formas de sacar provecho de sus composiciones. Esto puede incluir vender pistas en plataformas de transmisión, otorgar licencias para su uso en comerciales e incluso crear NFT musicales.

-

Ejemplo de monetización: El músico taryn Del sur utilizó IA para componer música y lanzó un álbum titulado "YO SOY AI". las pistas salieron bien recibió, y logró recaudar dinero a través de la venta de Música digital y shows en vivo.

IA en diseño gráfico

El diseño gráfico es otra área que está siendo transformada por la IA. Los diseñadores utilizan herramientas basadas en inteligencia artificial para automatizar tareas repetitivas, generar ideas y crear diseños innovadores.

Ejemplos de herramientas de diseño basadas en IA:

1. Canva: Esta plataforma ofrece diseño que utiliza IA para sugerir diseños, paletas de colores y elementos gráficos, haciendo el diseño más accesible para no diseñadores.
2. PistaML: Esta herramienta le permite Los diseñadores y creadores de vídeos utilizan la IA para generar efectos visuales y edición de vídeo. La IA ayuda a automatizar procesos complejos, Liberando tiempo para la creatividad.

Monetizar el diseño creativo con IA:

Los diseñadores que utilizan IA pueden aumentar su eficiencia y, en consecuencia, su capacidad para atender a más clientes. Pueden vender sus diseños en mercados, licenciar su trabajo u ofrecer servicios de diseño personalizados.

- Ejemplo de monetización: Un diseñador Janelle shane, autora del libro "Pareces una cosa y yo Love You", utilizó IA para crear diseños de camisetas y más productos vendiéndolos online. Tus diseños únicos atraen a la audiencia. específico, generando una nueva fuente de ingresos.

El papel de las NFT en la economía creativa

Las NFT han desempeñado un papel crucial en la monetización de obras de arte y música creadas por IA. Un NFT es un token digital que representa la propiedad de un activo único, ya sea una obra de arte, una canción u otro tipo de contenido digital.

Cómo funciona la monetización con NFT:

1. Plataformas de ventas: Artistas y músicos pueden vender sus creaciones como NFT en plataformas como OpenSea, Rarible y Foundation, donde los coleccionistas pueden comprar y vender. estos activos.
2. Regalía de reventa: Una de las ventajas de NFT es que los creadores pueden programar regalías y recibir una porcentaje de ventas posteriores de sus obras.

Ejemplo de artistas que se benefician de las NFT:

- el artista Beeple vendió una obra digital como NFT por la asombrosa cantidad de 69 millones de dólares, estableciendo un precedente para la monetización del arte digital. Aunque no ha utilizado la IA directamente, el éxito de Beeple ha abierto las puertas a artistas que utilizan la IA en sus creaciones.

Desafíos y consideraciones éticas

Si bien la IA ofrece innumerables oportunidades en la economía creativa, también plantea cuestiones y desafíos éticos. El uso de la IA en la creación artística puede generar debates sobre la originalidad, los derechos de autor y la naturaleza de la creatividad.

Desafíos a considerar:

1.

1. Originalidad: Si una obra se crea en gran parte por una máquina, ¿hasta qué punto esto puede ser considerado "arte"? Esta cuestión sigue en debate en el mundo del arte.

2. Derechos de autor: Las leyes de los derechos Los autores todavía se están adaptando a esta nueva realidad. Y Es importante que los creadores comprendan los derechos asociados con Obras generadas por IA.

3. Autenticidad: El uso de la IA puede generar obras que sean imitaciones o variaciones de obras existentes, planteando dudas sobre la autenticidad del arte generado por IA.

El futuro de la creatividad con IA

A medida que avanza la tecnología de la IA, es probable que la intersección entre la IA y la creatividad se vuelva aún más profunda. El futuro puede traer nuevas herramientas y plataformas que permitirán a los artistas y creadores explorar su creatividad de maneras que actualmente no podemos imaginar.

Tendencias futuras:

1. Colaboración hombre-máquina: Cada vez Además, veremos colaboraciones entre humanos y máquinas, donde la IA actúa como co-creador, enriqueciendo el proceso creativo.

2.

Experiencias Artísticas Interactivas: Y EL puede permitir la creación de experiencias artísticas interactivas, donde el público no es sólo un espectador, sino también un participante activo.

3. Accesibilidad creativa: Con herramientas La IA se vuelve más accesible, más personas podrán explorar su creatividad, independientemente de su experiencia o habilidades técnicas.

Conclusión

La Inteligencia Artificial está transformando la economía creativa, permitiendo a artistas, músicos y diseñadores explorar nuevas fronteras de expresión y monetización. Con ejemplos prácticos de cómo se utiliza la IA para crear arte, música y diseño, queda claro que esta tecnología no es solo una herramienta, sino un nuevo socio en la creatividad.

A medida que continuamos navegando por este nuevo territorio, es esencial que los creadores consideren tanto las oportunidades como los desafíos que presenta la IA. Quienes adopten la IA como aliada en su trabajo creativo estarán bien posicionados para prosperar en un futuro en el que la creatividad y la tecnología se entrelazan cada vez más.

CAPÍTULO 13: AUTÓNOMOS Y CONSULTORÍA DE IA

El auge de la Inteligencia Artificial (IA) no solo ha transformado varias industrias, sino que también ha creado nuevas oportunidades para los profesionales que desean trabajar como autónomos o consultores. En este capítulo, exploraremos cómo estos profesionales monetizan sus habilidades de IA, desarrollan soluciones personalizadas para empresas y ayudan a las organizaciones a navegar en este nuevo y complejo entorno tecnológico.

El mercado de autónomos de IA

En los últimos años, la demanda de autónomos especializados en IA ha crecido exponencialmente. Mientras las empresas buscan formas de incorporar tecnologías de inteligencia artificial en sus operaciones, ha surgido un vasto mercado para profesionales que puedan ofrecer asesoramiento y soluciones personalizadas. Esta tendencia está impulsada por la necesidad de innovación y eficiencia, lo que lleva a organizaciones de todos los tamaños a buscar experiencia en IA.

Principales áreas de actividad de los autónomos en IA:

1.

Desarrollo de algoritmos: Para crear Algoritmos personalizados que satisfacen necesidades específicas de una empresa, como la optimización de procesos o el análisis de datos.

2.

Análisis de datos: Ofreciendo servicios análisis de datos, ayudando a las empresas a extraer información valiosa de a partir de grandes volúmenes de información.

3.

Implementación de soluciones de IA: para ayudar empresas que implementan herramientas de inteligencia artificial, desde chatbots hasta atención al cliente hasta sistemas de recomendación.

4.

Formación y educación: Para suministrar Capacitación para equipos sobre cómo utilizar e implementar tecnologías. de la IA, garantizando que los empleados estén preparados para Aprovecha al máximo estas herramientas.

Habilidades necesarias para trabajar como autónomo en IA

Para tener éxito como autónomo en IA, es fundamental tener un conjunto diverso de habilidades. Algunas de las habilidades más valoradas incluyen:

1.

Cronograma: Habilidades lingüísticas

programación como Python, R y Java son esenciales para desarrollo de algoritmos y soluciones de IA.

2. Conocimientos en Aprendizaje Automático: Comprender los principios y técnicas del aprendizaje automático es crucial para crear soluciones que realmente agreguen valor.

3. Análisis estadístico: Ser capaz de interpretar datos y realizar análisis estadísticos es una habilidad importante, especialmente cuando se trabaja con grandes conjuntos de datos.

4. Habilidades de comunicación: Explicar conceptos técnicos de forma clara y concisa es esencial, ya que Los autónomos a menudo necesitan comunicarse con las partes interesadas. no técnico.

5. Solución de problemas: La capacidad de identificar problemas y encontrar soluciones creativas es esencial, especialmente en proyectos personalizados.

Cómo encontrar clientes y proyectos

La búsqueda de clientes como autónomo de IA se puede lograr a través de varias plataformas y estrategias. Estos son algunos de los mejores enfoques:

1.

Plataformas independientes: Sitios como Upwork, Freelancer y Fiverr son excelentes lugares para encontrar Proyectos de IA. Crear un perfil detallado y una cartera sólida puede ayudar a atraer clientes.

2.

Redes: Participar en conferencias, Las reuniones y eventos relacionados con la IA son una excelente manera de participar conectarse con clientes potenciales y otros profesionales en el campo.

3.

Marketing de contenidos: Crear contenido La información relevante sobre la IA, como blogs o vídeos de YouTube, puede ayudar. establecer autoridad en el campo y atraer clientes.

4.

Recomendaciones e Indicaciones: Construcción de una buena relación con clientes anteriores puede conducir a recomendaciones y nuevos proyectos.

Ejemplos de autónomos de IA exitosos

Varios profesionales se destacan en el mercado del freelance en IA, ofreciendo servicios que van desde la consultoría hasta el desarrollo de soluciones personalizadas. Aquí hay algunos ejemplos inspiradores:

1.

Freelancer en Análisis de Datos: jane Gama es una experta en análisis de datos que la utiliza Experiencia en IA para ayudar a las empresas a optimizar sus operaciones. Desarrolla paneles de control personalizados que le permiten a su los clientes visualizan los datos de manera efectiva, lo que lleva a mejores decisiones estratégicas.

2. Consultor de Aprendizaje Automático: John Herrero trabaja como consultor de aprendizaje automático, ayudando startups que implementan soluciones de IA. Desarrolló un algoritmo de predicción que ayudó a una empresa de comercio electrónico Incrementa tus ventas un 30% en tan solo tres meses.

3. Desarrollador de chatbots: María González es un desarrollador independiente que crea chatbots personalizado para empresas. Tu trabajo ha ayudado a muchos. organizaciones para mejorar el servicio al cliente reduciendo tiempo de respuesta y aumentando la satisfacción del usuario.

Construyendo una marca personal

Para destacarse en un mercado tan competitivo, es importante que los autónomos de IA construyan una marca personal sólida. A continuación se ofrecen algunos consejos para desarrollar una presencia de marca eficaz:

1. Crear una cartera: Un buen portafolio diseñado para mostrar sus proyectos y resultados anteriores logrado es esencial. Incluir estudios de casos detallados puede ayude a demostrar su impacto.

2.

Desarrollar una presencia en línea: Tener un sitio web Perfiles profesionales y activos en redes sociales pueden incrementar tu visibilidad y ayuda a atraer clientes.

3.

Compartir conocimiento: Escribir artículos, Participar en podcasts o hacer vídeos puede ayudar a establecer usted como autoridad en el campo de la IA.

Desafíos que enfrentan los autónomos de IA

Si bien el trabajo independiente con IA ofrece muchas oportunidades, también presenta desafíos. Algunos de los principales obstáculos incluyen:

1.

Competencia: El aumento de la demanda de Los servicios de IA hacen que haya muchos profesionales compitiendo por proyectos. Destacar puede ser difícil, especialmente para principiantes.

2.

Variabilidad del ingreso: Hay muchos autónomos a menudo enfrentan incertidumbre financiera debido a la carga de trabajo puede variar. Una adecuada planificación financiera es esencial para gestionar estos desafíos.

3.

Evolución tecnológica: Evolución rápida de la tecnología de inteligencia artificial significa que los autónomos deben mantenerse al día actualizado y seguir aprendiendo para seguir siendo relevante.

4.

Gestión del tiempo: Manejar múltiples Los proyectos y los clientes pueden ser un desafío. Habilidades efectivas La gestión del tiempo es esencial para garantizar la entrega de trabajo de calidad.

El futuro del trabajo independiente en IA

A medida que la tecnología continúa evolucionando, se espera que el mercado de trabajadores independientes de IA se expanda aún más. Los profesionales que estén dispuestos a adaptarse y aprender nuevas habilidades estarán bien posicionados para aprovechar estas oportunidades.

Tendencias futuras:

1.

Creciente demanda de consultores de IA: TIENE A medida que más empresas buscan integrar la IA en sus operaciones, la Se espera que aumente la demanda de consultores especializados y trabajadores autónomos.

2.

Soluciones de IA personalizadas: Empresas estarán cada vez más interesados en soluciones personalizadas que satisfacer sus necesidades específicas, creando una oportunidad para autónomos innovadores.

3.

Integración de IA en diversas

industrias: A medida que la IA se vuelva más accesible, su uso se ampliará para sectores que tradicionalmente no exploraban esta tecnología, como la educación, la salud y la agricultura.
4.

Colaboración interdisciplinaria: El futuro de El trabajo autónomo con IA podría implicar una mayor colaboración entre Expertos en IA y profesionales de otras áreas, dando como resultado Soluciones creativas e integrales.

Conclusión

El trabajo independiente y la consultoría de IA ofrecen oportunidades únicas para los profesionales que desean monetizar sus habilidades en un mercado en crecimiento. Con la creciente demanda de soluciones personalizadas, aquellos que posean conocimientos técnicos y habilidades de comunicación efectiva estarán en una posición privilegiada.

Al construir una marca personal sólida, establecer contactos y buscar continuamente conocimientos, los trabajadores independientes no solo pueden lograr el éxito sino también marcar una diferencia significativa en las organizaciones a las que prestan servicios. El futuro es prometedor para quienes se atrevan a abrazar la revolución de la IA, contribuyendo a la transformación digital y la innovación en diversas industrias.

CAPÍTULO 14: CÓMO INVERTIR EN EMPRESAS EMERGENTES DE IA

Invertir en nuevas empresas de Inteligencia Artificial (IA) se ha convertido en una de las áreas más atractivas para los inversores que buscan aprovechar su capital en un sector en rápida evolución. En este capítulo, exploraremos las mejores prácticas para identificar e invertir en nuevas empresas prometedoras de IA, además de discutir ejemplos de inversores que han tenido éxito en este espacio.

La creciente importancia de la IA en el mundo empresarial

La Inteligencia Artificial se está convirtiendo rápidamente en una parte esencial del entorno empresarial, con aplicaciones que van desde la automatización de procesos hasta el análisis predictivo. Esta transformación digital está creando un terreno fértil para las startups que buscan desarrollar soluciones innovadoras. Según un informe de McKinsey, la IA podría aportar hasta 13 billones de dólares a la economía mundial para 2030. Con esta perspectiva, los inversores prestan cada vez más atención al potencial de las nuevas empresas de IA.

Identificación de empresas emergentes prometedoras de IA

Invertir en nuevas empresas de IA requiere un enfoque cuidadoso. A continuación se ofrecen algunos consejos para identificar empresas con alto potencial de crecimiento:

1. Análisis del problema que resuelve la startup: El primer paso es comprender el problema que está intentando la startup. resolver. Startups que abordan temas significativos y ofrecen Las soluciones prácticas tienen más posibilidades de éxito.

2. Evaluación del equipo fundador: El equipo de Detrás de la startup está uno de los factores más críticos. Profesionales con experiencia en IA y un historial de éxito en sus campos han más posibilidades de construir empresas sostenibles.

3. Modelo de Negocio Sostenible: Evaluar si Que la startup tenga un modelo de negocio sólido es crucial. lo ideal es que la empresa tenga una estrategia de monetización clara, como ventas directas, suscripciones o licencias.

4. Mercado objetivo: Analizar el mercado en el que Se inserta el arranque es fundamental. El mercado debe ser grande. suficiente para sostener el crecimiento de la empresa. Startups

enfocadas en nichos de mercado en expansión tienen un mayor potencial de retorno.

5.

Diferenciación e Innovación: La capacidad de la startup para diferenciarse de sus competidores y ofrecer una La propuesta de valor única es esencial. Esto puede incluir tecnología soluciones patentadas e innovadoras o un enfoque de mercado diferenciado.

6.

Tracción y Validación: Verificar se a La startup ya tiene clientes que pagan o las pruebas de concepto son una manera efectiva de medir su progreso. Startups que demostraron La tracción inicial es más atractiva para los inversores.

La importancia de la debida diligencia

Antes de invertir en cualquier startup, es fundamental realizar una debida diligencia exhaustiva. Esto implica investigar todos los aspectos de la empresa, incluyendo:

1.

Evaluación financiera: Revise el estados financieros y comprender la salud financiera de la puesta en marcha. Esto incluye ingresos, gastos y proyecciones de ingresos. crecimiento.

2.

Análisis de producto: Comprender el producto o servicio ofrecido y su viabilidad en el mercado. esto puede incluir pruebas de productos y comentarios de los clientes.

3.

Cumplimiento legal: Garantizar que a startup Cumplir con todas las regulaciones y leyes. aplicable es fundamental para evitar problemas futuros.

4.

investigación de mercado: Analizar la competencia y el posicionamiento de la startup en el mercado puede proporcionar información información valiosa sobre su potencial.

Ejemplos de inversores exitosos en empresas emergentes de inteligencia artificial

Algunos inversores se han destacado en el ámbito de la inversión en startups de IA, aportando ejemplos valiosos para quienes quieran seguir sus pasos:

1.

Andreessen Horowitz: Este renombrado fondo El capital riesgo tiene una larga historia de inversión en nuevas empresas de tecnología, incluidas varias empresas de inteligencia artificial. Un ejemplo Destaca la inversión en la empresa de reconocimiento de voz. SonidoHound, que desarrolla soluciones de IA para interacción vocal. La capacidad de Andreessen Horowitz para identificar nuevas empresas innovadoras y apoyar su crecimiento contribuyó para su éxito en el espacio de la IA.

2.

Capital de las secuoyas: Otro gigante del capital riesgo, Sequoia tiene un historial de inversiones exitosas en Nuevas empresas de

IA. Un ejemplo es la inversión en Nvidia, que desarrolla chips para aprendizaje automático e inteligencia artificial. el apoyo de Sequoia ha permitido a NVIDIA convertirse en líder del mercado en Tecnologías de IA, lo que genera importantes beneficios para inversores.

3. Combinador Y: Este acelerador de startups invierte en empresas en etapa inicial, muchas de las cuales se centran en IA. Un ejemplo es el Automatización de cruceros, uno Startup de vehículos autónomos que fue adquirida por General Motores. El éxito de Cruise es un testimonio del potencial de Startups de IA y la importancia del apoyo de los inversores experimentado.

Estrategias de inversión en startups de IA

La inversión en nuevas empresas de IA se puede realizar de varias maneras. A continuación se muestran algunas estrategias que los inversores pueden considerar:

1. Inversión Directa: Invertir directamente en startups, ya sea a través de rondas de financiación o adquisiciones de comportamiento. Este método requiere una evaluación cuidadosa de las startups. y un buen conocimiento del mercado.

2. Fondos de capital riesgo: Invertir en fondos de capital riesgo especializados en tecnología e inteligencia artificial puede

ser una forma eficaz de diversificar el riesgo. Estos fondos Generalmente contamos con un equipo experimentado que realiza la debida diligencia. necesario.

3. Plataformas de Inversión Colectiva: Algunas plataformas permiten a los inversores hacer pequeñas inversiones en startups de IA, democratizando el acceso a este tipo de inversión. Esa es una excelente manera de comenzar, especialmente para inversores novatos.

4. Establecimiento de contactos con otros inversores: Participar en grupos de inversores o eventos de networking puede ayudar a identificar oportunidades de inversión y compartir conocimiento con otros inversores experimentados.

Riesgos asociados con la inversión en nuevas empresas de IA

Invertir en nuevas empresas de IA no está exento de riesgos. Estos son algunos de los desafíos clave que los inversores deberían considerar:

1. Riesgo de quiebra: Las startups, en general, tienen una alta tasa de quiebras, y esto es particularmente cierto en sector tecnológico. Los inversores deben estar preparados para la Posibilidad de perder su inversión.

2. Valoración inflada: Algunas startups

pueden tener valoraciones excesivamente altas, lo que puede resultar en un rendimiento inferior al esperado. Los inversores deben ser cautelosos y Realice un análisis cuidadoso antes de invertir.

3. Cambios tecnológicos rápidos: A La tecnología de IA está en constante evolución. Startups que no incapaz de mantenerse al día con estos cambios puede volverse rápidamente obsoleto.

4. Dependencia de las regulaciones: El sector La IA está sujeta a regulaciones que pueden cambiar rápidamente. Esto puede afectar el funcionamiento y la viabilidad de las startups.

El papel de la diversificación

Como ocurre con cualquier inversión, la diversificación es una estrategia importante a la hora de invertir en nuevas empresas de IA. Los inversores deberían considerar diversificar sus inversiones en diferentes empresas emergentes, sectores y etapas de desarrollo para mitigar los riesgos. Esto puede incluir la asignación de capital a nuevas empresas en diferentes nichos, como atención médica, tecnología financiera, comercio electrónico y transporte.

El futuro de invertir en startups de IA

El futuro de la inversión en nuevas empresas de IA parece prometedor, con una creciente adopción de la tecnología en todas las industrias. A medida que más empresas reconozcan el potencial de la IA, la demanda de soluciones innovadoras seguirá creciendo, creando oportunidades para los inversores.

Tendencias futuras:

1. Interés creciente en la IA responsable: A conciencia sobre cuestiones éticas y de privacidad relacionados con la IA está creciendo y los inversores están empezando priorizar startups que se desarrollen de manera responsable y sostenible.
2. Convergencia de tecnologías: La combinación de la IA con otras tecnologías, como el Internet de las cosas (IoT) y blockchain, está creando nuevas oportunidades de inversión y innovación.
3. Accesibilidad y democratización de la IA: Startups que hacen que la IA sea accesible para pequeñas y medianas empresas (Pymes) pueden destacarse en el mercado, ofreciendo soluciones que servir a una base de clientes más amplia.
4. Globalización del mercado de la IA: Con el Con la creciente adopción de la IA en todo el mundo, los inversores podrán explorar oportunidades en mercados emergentes, donde la tecnología todavía está en desarrollo.

Conclusión

Invertir en nuevas empresas de IA ofrece una oportunidad apasionante para los inversores que buscan aprovechar su capital en un sector dinámico e innovador. Identificar nuevas empresas prometedoras, llevar a cabo la debida diligencia y ser consciente de los riesgos asociados son pasos cruciales para el éxito.

Al aprender de inversores exitosos y adoptar estrategias de inversión inteligentes, cualquiera puede posicionarse para capitalizar el potencial de las nuevas empresas de IA. El futuro es brillante para quienes se atrevan a explorar este espacio en crecimiento y formar parte de la revolución de la Inteligencia Artificial.

CAPÍTULO 15: OPORTUNIDADES DE FRANQUICIA DE IA

La Inteligencia Artificial (IA) está transformando rápidamente el panorama empresarial y el modelo de franquicia no es una excepción. Las franquicias tienen la ventaja de poder escalar las operaciones rápidamente y la implementación de tecnologías basadas en inteligencia artificial puede mejorar aún más este crecimiento. En este capítulo, discutiremos cómo se utiliza la IA en los modelos de franquicia, destacando ejemplos de éxito, beneficios y desafíos asociados con esta transformación.

El papel de la IA en las franquicias

La aplicación de la IA en las franquicias es multifacética y cubre varias áreas, incluidas operaciones, marketing, servicio al cliente y gestión de inventario. Con la capacidad de analizar grandes cantidades de datos y automatizar procesos, la IA ofrece importantes oportunidades para optimizar la eficiencia y aumentar la rentabilidad.

1. Optimización operativa: La IA puede ayudar franquicias para optimizar sus procesos

operativos, reduciendo costes y aumentar la eficiencia. Esto incluye la automatización tareas repetitivas y el uso de algoritmos para predecir el demanda del producto.

2. Servicio al cliente mejorado: Con el integración de chatbots y asistentes virtuales, las franquicias pueden mejorar la experiencia del cliente ofreciendo servicio de atención al cliente las 24 horas por día y personalizar las interacciones basadas en la historia del cliente.

3. Análisis de datos: Las franquicias pueden utilizar herramientas de análisis predictivo para comprender mejor el comportamiento del cliente, ajustar las estrategias de marketing y mejorar la segmentación de la audiencia.

4. Gestión de inventario: La IA permite franquicias para pronosticar las necesidades de inventario con mayor precisión, reduciendo el desperdicio y mejorando la gestión del stock.

Ejemplos de franquicias que utilizan IA

Varias franquicias ya están implementando IA en sus operaciones, lo que demuestra lo beneficiosa que puede ser esta tecnología. Exploremos algunos ejemplos notables.

1. McDonald's

McDonald's es uno de los líderes en el uso de IA para optimizar sus operaciones de franquicia. La empresa implementó sistemas de inteligencia artificial en su drive-thrus para acelerar el servicio al cliente. Estos sistemas utilizan algoritmos de reconocimiento de imágenes y aprendizaje automático para identificar qué piden los clientes en función de su historial de compras y sus preferencias.

Además, McDonald's también ha invertido en una aplicación móvil que utiliza IA para personalizar ofertas y promociones para los clientes, aumentando la probabilidad de conversiones. El uso de IA en los drive-thrus ha dado como resultado tiempos de espera más cortos y una experiencia más eficiente para los clientes, lo que a su vez ha aumentado las ganancias de las franquicias.

2. Dunkin'Donuts

Dunkin' Donuts también ha adoptado la IA en sus operaciones, especialmente en su aplicación móvil. La empresa utiliza algoritmos de aprendizaje automático para analizar el comportamiento de compra de los clientes y ofrecer recomendaciones personalizadas. Esto no solo mejora la experiencia del cliente, sino que también aumenta las ventas a medida que se les presentan productos que probablemente les interesen.

Además, Dunkin' utiliza IA para optimizar la gestión de inventario y pronosticar la demanda, asegurando que sus franquicias tengan los productos adecuados disponibles en el momento adecuado.

3. Metro

Subway implementó IA para mejorar la experiencia de pedido de los clientes. La compañía ha lanzado un sistema de quiosco de autoservicio que utiliza inteligencia artificial para guiar a los clientes a través de sus elecciones, sugiriendo combinaciones de ingredientes basadas en preferencias pasadas. Este enfoque no sólo acelera el proceso de pedido, sino que también aumenta la satisfacción del cliente al ofrecer una experiencia personalizada.

Beneficios de implementar IA en franquicias

La implementación de IA en modelos de franquicia trae varios beneficios, entre ellos:

1. Reducción de costos: Automatización de Los procesos pueden reducir la necesidad de mano de obra en ciertos áreas, lo que resulta en ahorros en costos operativos.

2. Mayor eficiencia: La IA puede acelerar procesos y mejorar la precisión en las operaciones, desde atención al cliente hasta gestión de inventarios.

3. Experiencia del cliente mejorada: Con interacciones personalizadas y un servicio ágil, las franquicias pueden aumentar la satisfacción del cliente y, en consecuencia, su fidelidad marcar

4. Decisiones basadas en datos: Análisis de Los datos en tiempo real permiten a los franquiciados tomar decisiones informado, ajustando las estrategias operativas y de marketing según sea necesario.

5.

Mayor Rentabilidad: La combinación de La eficiencia operativa y la mejora de la experiencia del cliente pueden conducir a un aumento de las ventas y, por tanto, de la rentabilidad de las franquicias.

Desafíos de implementar IA en franquicias

Si bien los beneficios son importantes, la implementación de la IA en las franquicias también presenta desafíos. Estos son algunos de los principales obstáculos que pueden enfrentar los franquiciados:

1. Costo de implementación: La adopción de Las tecnologías basadas en IA pueden requerir una inversión inicial significativo. Los franquiciados deben evaluar si el rendimiento de La inversión justificará los costes.
2. Entrenamiento y Adaptación: El equipo de La franquicia deberá estar capacitada para utilizar las nuevas tecnologías. Esto puede requerir tiempo y recursos adicionales.
3. Dependencia de datos: La eficacia de la IA depende de la calidad de los datos recopilados. Los franquiciados necesitan asegurarse de que cuentan con sistemas adecuados para capturar y analizar datos del cliente.
4. Cambios en la cultura organizacional: A La introducción de la IA puede requerir cambios en

la cultura de la franquicia. especialmente si el equipo está acostumbrado a los procesos tradicional.

5. Privacidad y seguridad de datos: Con el aumento en el uso de datos, las franquicias deben prestar atención a privacidad y seguridad de los datos de los clientes, cumpliendo con regulaciones como GDPR.

El futuro de las franquicias con IA

El futuro de las franquicias que adoptan la IA es prometedor. A medida que la tecnología continúa evolucionando, se espera que más franquicias integren soluciones de inteligencia artificial en sus operaciones. Algunas tendencias que podrían dar forma al futuro incluyen:

1. Integración completa de IA: Se espera que en En un futuro próximo, la IA será una parte integral de todo aspectos de la operación de una franquicia, desde la administración hasta interacción con el cliente.

2. Experiencias del cliente cada vez más Personalizado: La personalización será una prioridad, con franquicias que utilizan IA para ofrecer experiencias más personalizadas a las necesidades individuales de los clientes.

3. Expansión de la automatización: Automatización de Se ampliarán los procesos, permitiendo que las franquicias operen con menos

fuerza laboral y aún mantener altos estándares de servicio al cliente   cliente.

4.

Adopción de nuevas tecnologías de IA: TIENE   A medida que surgen nuevas tecnologías, como la IA generativa y aprendizaje profundo, las franquicias podrán implementar   soluciones más sofisticadas.

5.

Colaboración y asociaciones: Las franquicias pueden   formar asociaciones con empresas de tecnología para desarrollar   Soluciones de IA personalizadas, facilitando la adopción de nuevas   tecnologías.

Conclusión

Las oportunidades de franquicia de IA están creciendo a medida que más empresas reconocen el potencial de esta tecnología para transformar sus operaciones. Desde optimizar procesos hasta mejorar la experiencia del cliente, la IA ofrece una variedad de beneficios que pueden conducir a un aumento significativo de la rentabilidad.

Sin embargo, la adopción de la IA también plantea desafíos que deben considerarse cuidadosamente. Los franquiciados que se preparen para afrontar estos desafíos y que inviertan en la implementación de soluciones de IA estarán bien posicionados para prosperar en un mercado cada vez más competitivo. El futuro de las franquicias es, sin duda, digital, y quienes adopten la IA estarán a la vanguardia de esta transformación.

CAPÍTULO 16: IA EN EL SECTOR SANITARIO Y BIOTECNOLÓGICO

La Inteligencia Artificial (IA) está revolucionando el sector de la salud y la biotecnología, aportando innovaciones que no solo mejoran la eficiencia sino también la calidad de la atención al paciente. En este capítulo, exploraremos cómo la IA está transformando áreas críticas, desde el diagnóstico automatizado hasta el descubrimiento de fármacos, y veremos ejemplos de empresas que se han enriquecido utilizando esta tecnología.

La revolución de la IA en la atención sanitaria

En los últimos años, la sanidad se ha convertido en uno de los sectores más prometedores para la aplicación de la IA. La tecnología permite el procesamiento y análisis de grandes volúmenes de datos, lo cual es crucial en un campo donde la información es abundante y muchas veces compleja. Las aplicaciones de la IA en la atención sanitaria incluyen, entre otras:

1. Diagnóstico automatizado: La IA

puede analizar imágenes médicas, como radiografías y resonancias magnéticas Magnético, para detectar enfermedades con precisión. sistemas El aprendizaje automático se entrena en grandes conjuntos de datos. reconocer patrones que podrían pasar desapercibidos a simple vista.

2.

Descubrimiento de fármacos: La IA es acelerar el proceso de descubrimiento de nuevos medicamentos mediante analizar datos genómicos y clínicos, identificando potenciales dianas terapéuticas con mayor rapidez y eficacia que los métodos tradicionales tradicional.

3.

Tratamientos personalizados: Con análisis de datos genéticos, la IA puede ayudar a crear tratamientos adaptados a los pacientes, maximizando la eficacia y minimizando los efectos secundarios.

4.

Monitoreo y Prevención: La IA puede ser utilizado en dispositivos portátiles y aplicaciones de salud para monitorear señales signos vitales y predecir posibles problemas de salud antes de que ocurran. ocurrir, permitiendo intervenciones tempranas.

Ejemplos de empresas que se hicieron ricas con la IA

Varias empresas de biotecnología y salud han destacado en el uso de la IA, logrando importantes éxitos y contribuyendo a la transformación del sector. Veamos algunas de estas empresas y sus innovaciones.

1. Salud mental profunda

DeepMind, una subsidiaria de Google, se ha destacado en la aplicación de la IA para resolver problemas complejos de atención médica. Uno de sus proyectos más destacados es el desarrollo de algoritmos de aprendizaje automático que analizan imágenes de la retina para detectar enfermedades oculares como la retinopatía diabética. En los estudios, la IA ha demostrado un rendimiento superior al de los expertos humanos, ofreciendo diagnósticos rápidos y precisos.

Además, DeepMind también participa en la investigación sobre la predicción de enfermedades renales, utilizando IA para analizar datos de pacientes y predecir complicaciones antes de que se vuelvan críticas. Este enfoque no sólo mejora los resultados de los pacientes, sino que también ahorra recursos y tiempo a los sistemas sanitarios.

2. tiempo

Tempus es una empresa de tecnología sanitaria que utiliza inteligencia artificial y análisis de datos para personalizar el tratamiento del cáncer. La empresa recopila y analiza datos clínicos y genómicos de los pacientes, lo que permite a los médicos tomar decisiones de tratamiento informadas basadas en información en tiempo real.

Tempus ha ayudado a numerosas instituciones sanitarias a integrar el análisis de datos en sus prácticas clínicas, lo que ha dado lugar a mejores resultados para los pacientes y a un enfoque más específico para la lucha contra el cáncer. La empresa ha recaudado cientos de millones de dólares en inversiones, lo que refleja su impacto y potencial en la industria.

3. Visión médica de Zebra

Zebra Medical Vision utiliza IA para analizar imágenes médicas a escala y ofrece soluciones para radiólogos y profesionales de la salud. Sus algoritmos son capaces de identificar una variedad de afecciones médicas, incluidas enfermedades cardíacas, pulmonares y oncológicas, en imágenes de rayos X, tomografías computarizadas y resonancias magnéticas.

La empresa no sólo contribuye a diagnósticos más rápidos, sino que también ayuda a reducir la carga de trabajo de los radiólogos, permitiéndoles centrarse en casos más complejos. El éxito de Zebra Medical Vision pone de relieve cómo la IA puede ser una herramienta valiosa en el diagnóstico médico.

Beneficios de la IA en el sector sanitario

Los beneficios de aplicar la IA en el sector sanitario son importantes y abarcan varias dimensiones:

1. Mayor precisión diagnóstica: La IA puede Identificar patrones en los datos que pueden ser imperceptibles para humanos, lo que resulta en diagnósticos más precisos y más tempranos.
2. Eficiencia operativa: Automatización de Las tareas administrativas y el análisis de datos a gran escala pueden Reducir el tiempo que los profesionales sanitarios dedican a las tareas. Tareas repetitivas, lo que les permite centrarse en el servicio al cliente.

paciente.

3. Acceso a la atención médica: La IA puede facilitar el acceso a diagnósticos y tratamientos en zonas remotas, donde la infraestructura sanitaria puede ser limitada, a través de Aplicaciones de telemedicina y salud.

4. Mejoras en los resultados de los pacientes: A La capacidad de predecir enfermedades y personalizar tratamientos puede conducir a mejores resultados de salud y una mejor calidad de vida para los pacientes.

5. Reducción de costos: Con más diagnósticos tratamientos más rápidos y precisos, así como tratamientos más eficaces, la IA puede ayudar a reducir los costos generales de atención médica para ambos pacientes así como los sistemas de salud.

Desafíos de la implementación de la IA en la atención sanitaria

Si bien los beneficios son claros, la implementación de la IA en la atención médica también enfrenta desafíos importantes:

1. Privacidad y seguridad de datos: A El manejo de datos confidenciales de pacientes plantea preguntas Cuestiones éticas y legales relativas a la privacidad y la seguridad. Es esencial que Las empresas cumplen con estrictas

regulaciones para proteger el información del paciente.

2. Integración con sistemas existentes: A integración de nuevas soluciones de IA con los sistemas sanitarios Los sistemas existentes pueden ser complejos y costosos, requiriendo inversión. mejoras significativas en tecnología y formación.

3. Aceptación de los profesionales sanitarios: A La resistencia al cambio es un desafío común en cualquier industria. Tú Los profesionales de la salud deben estar convencidos del valor de la IA y capacitado para utilizarlo eficazmente.

4. Fiabilidad de los algoritmos: Confianza en los algoritmos de IA es crucial para una adopción generalizada. Y Es necesario garantizar que estos sistemas sean robustos y que sus La precisión se valida en escenarios del mundo real.

5. Costo de desarrollo: El desarrollo de soluciones de IA puede ser costosa y las empresas necesitan asegurar que tengan un modelo de negocio sostenible que les permita recuperar estas inversiones.

El futuro de la IA en la atención sanitaria y la biotecnología

El futuro de la IA en la sanidad y la biotecnología es prometedor. A medida que avanza la tecnología, podemos esperar innovaciones aún más significativas. Algunas tendencias que darán forma al futuro incluyen:

1. Integración de IA y telemedicina: A La combinación de IA y telemedicina podría revolucionar la atención salud, permitiendo diagnósticos y tratamientos a distancia de más eficazmente.

2. IA en la investigación clínica: La IA puede acelerar el proceso de investigación clínica, ayudando a identificar candidatos ideal para ensayos clínicos y optimización del reclutamiento.

3. Sistemas sanitarios más personalizados: A El análisis de datos genómicos y clínicos permitirá que los sistemas Los proveedores de atención médica ofrecen servicios cada vez más personalizados y eficaz.

4. Desarrollo acelerado de fármacos: Con la IA, el tiempo que lleva descubrir y desarrollar nuevos Los medicamentos podrían reducirse drásticamente, lo que daría lugar a nuevas innovaciones. tratamiento rápido de enfermedades.

5. Mayor colaboración entre sectores: Espera-se que haya una mayor colaboración entre las empresas tecnológicas y instituciones de salud, lo que resulta en soluciones innovadoras

que beneficiar a los pacientes y profesionales sanitarios.

Conclusión

La aplicación de la Inteligencia Artificial en el sector de la salud y la biotecnología está en aumento, transformando la forma en que se brinda la atención médica y cómo se desarrollan los tratamientos. Ejemplos de empresas como DeepMind, Tempus y Zebra Medical Vision demuestran el importante potencial de la IA para mejorar la eficiencia, la precisión y los resultados de los pacientes.

Aunque existen desafíos que superar, los beneficios que ofrece la IA son innegables. A medida que la tecnología siga evolucionando, se ampliarán las oportunidades para enriquecer e innovar en la industria de la salud, creando un futuro prometedor para las empresas y los pacientes. Con la adopción continua de la IA, la industria de la salud no sólo puede alcanzar nuevos niveles de eficiencia, sino también transformar la calidad de la atención brindada a los pacientes de todo el mundo.

CAPÍTULO 17: EL FUTURO DE LA IA Y CÓMO PREPARARSE PARA ÉL

La Inteligencia Artificial (IA) ya no es una promesa lejana; está entre nosotros, dando forma a la forma en que vivimos, trabajamos e interactuamos. A medida que esta tecnología avance, promete transformar no sólo la economía, sino también el tejido social y el futuro del trabajo. En este capítulo, exploraremos las tendencias que darán forma al futuro de la IA y cómo prepararse para aprovechar estos cambios y enriquecerse en este nuevo panorama.

La revolución de la IA en el mercado laboral

La IA está transformando el mercado laboral de muchas maneras. Funciones que alguna vez fueron realizadas por humanos se están automatizando, mientras que están surgiendo nuevas oportunidades en sectores que antes no existían. Estos son algunos de los cambios que estamos viendo:

1. Automatización de tareas repetitivas: Un

montón de Funciones de rutina como entrada de datos, servicio al cliente. e incluso se están automatizando tareas administrativas. Esto permite a los trabajadores concentrarse en las actividades laborales. mayor valor y creatividad. Sin embargo, la automatización también puede llevar a la obsolescencia de algunas profesiones, creando un desafío significativo para la fuerza laboral.

2.

Creciente demanda de habilidades de IA: TIENE A medida que las empresas adoptan tecnologías basadas en IA, la demanda por profesionales con habilidades en ciencia de datos, máquinas El aprendizaje y el análisis de datos están creciendo. las carreras en tecnología y ciencia, ingeniería y matemáticas (STEM) son volviéndose cada vez más relevante.

3.

Trabajo colaborativo entre humanos y máquinas: En lugar de reemplazar a los trabajadores, la IA a menudo actúa como una herramienta que mejora la eficiencia. Profesionales que trabajar junto con la IA para analizar datos o tomar decisiones pueden ver ampliadas sus capacidades, lo que resulta en una mayor productividad.

4.

Cambios en el emprendimiento: El surgimiento La IA está democratizando el emprendimiento. Hoy cualquiera Con una idea y acceso a herramientas de inteligencia artificial, puedes iniciar un negocio. Las herramientas de automatización y análisis de datos están ganando cada vez más fácil para las nuevas empresas competir con las empresas establecidas.

El impacto de la IA en la economía global

El auge de la IA está remodelando la economía global. Los beneficios son enormes, pero también conllevan desafíos. Estas son algunas de las formas en que la IA está impactando la economía:

1.

Mayor productividad: La IA puede impulsar la productividad en diversos sectores, desde la manufactura a los servicios. Automatización de procesos y análisis predictivo. puede conducir a una producción más eficiente y una asignación más eficiente inteligencia de recursos.

2.

Innovaciones en el sector financiero: El sector Las finanzas están siendo transformadas por la IA, con la automatización de procesos de negociación, gestión de riesgos y análisis de crédito. Hacia Las fintechs están aprovechando la IA para ofrecer más personalizado y accesible.

3.

Cambios en el comercio: Comercio La tecnología electrónica está siendo revolucionada por la IA, con algoritmos que mejorar la experiencia del consumidor a través de recomendaciones optimización personalizada y de inventario.

4.

Reducir las desigualdades: La IA tiene la potencial para reducir las desigualdades democratizando el acceso a servicios e información. Sin embargo, esto sólo será posible si todos tienen acceso a las herramientas y la educación necesarias para aprovechar estas oportunidades.

Cómo prepararse para el futuro de la IA

Para posicionarse efectivamente en el futuro dominado por la IA, es esencial que prepare y adapte sus habilidades y conocimientos. A continuación se presentan algunas estrategias que le ayudarán a destacar:

1. Educación Continua: Nunca aprender debe parar. Invertir en cursos y capacitación que enseñen habilidades relacionados con la IA, como programación, análisis de datos y máquinas aprendiendo. Plataformas como Coursera, Udacity y edX ofrecen cursos accesible.

2. Desarrollo de habilidades blandas: Aunque el Las habilidades técnicas son fundamentales, las habilidades blandas, como Se valorará la creatividad, el pensamiento crítico y las habilidades interpersonales. cada vez más valorado. Estas habilidades son complementarias a AI y puede ayudarle a diferenciarse en el mercado laboral.

3. Redes: Construir una red de contactos con profesionales en el campo de la tecnología y

la IA. participar en conferencias, talleres y reuniones pueden abrir puertas a oportunidades y colaboraciones.

4. Experiencia práctica: Busque oportunidades trabajos o proyectos que te permitan aplicar tus habilidades en AI. Trabajar en proyectos prácticos te ayudará a consolidar tu conocimientos y aumentar su empleabilidad.

5. Mentalidad emprendedora: Adoptar un mentalidad emprendedora. Esté abierto a nuevas ideas y busque Formas de aplicar la IA para resolver problemas o mejorar. procesos en su área de actividad.

6. Seguir tendencias: Mantenga actualizado sobre las últimas tendencias en IA y tecnología. leer artículos, asistir a seminarios web y seguir a líderes de opinión en El área puede ayudarle a comprender lo que se avecina.

Sociedad y ética de la IA

A medida que la IA continúa expandiéndose, también surgen cuestiones éticas y sociales. Es crucial considerar cómo la IA puede impactar a la sociedad en su conjunto:

1. Privacidad y seguridad de datos: Hecho a medida que la IA recopila y analiza grandes volúmenes de datos personales, la Las preocupaciones sobre la privacidad se intensifican.

Es esencial que Se establecen normas para proteger los datos de los clientes. ciudadanos.

2. Desigualdad social: La IA puede ayudar mucho reducir y aumentar las desigualdades. Si las oportunidades para El acceso a la educación y la tecnología no está ampliamente extendido. distribuidos, podemos ver un aumento en la disparidad económica.

3. Responsabilidad y Transparencia: Hecho a medida que las decisiones se toman cada vez más mediante algoritmos, la rendición de cuentas y la transparencia se convierten en cuestiones importantes. ¿Quién es responsable cuando un algoritmo comete un error? la sociedad necesita directrices claras para abordar estas cuestiones.

4. Impacto en el empleo: Aunque la IA crea nuevos oportunidades, también puede provocar pérdidas de empleo en sectores que dependen del trabajo manual o repetitivo. EL La recalificación y la educación continua son esenciales para para ayudar a los trabajadores a adaptarse.

Conclusión

El futuro de la IA está lleno de posibilidades y la forma en que nos preparemos para estos cambios determinará nuestro éxito. La adopción de la IA está remodelando el mercado laboral y la economía, creando nuevas oportunidades y desafíos. Para destacar en este nuevo escenario, es fundamental invertir en educación continua, desarrollar habilidades relevantes y adoptar una mentalidad emprendedora.

Si bien la IA ofrece beneficios innegables, también plantea cuestiones éticas y sociales que es necesario abordar. Por lo tanto, ser un ciudadano informado y responsable es crucial mientras navegamos en esta nueva era. El futuro es prometedor y quienes se adapten y se preparen adecuadamente tendrán la oportunidad de enriquecerse y prosperar en un mundo cada vez más dominado por la Inteligencia Artificial.

REFLEXIONES FINALES: EL CAMINO HACIA EL ÉXITO CON LA IA

A lo largo de este libro, exploramos cómo la Inteligencia Artificial está transformando la forma en que vivimos, trabajamos y nos relacionamos con el mundo que nos rodea. Desde la automatización de tareas repetitivas hasta la creación de nuevas oportunidades de negocio, la IA se ha convertido en una poderosa herramienta que puede conducir al enriquecimiento personal y profesional. Este último capítulo te sirve como una invitación a reflexionar sobre las ideas presentadas y dar el primer paso hacia tu propio éxito.

Recapitulando los puntos principales

1. Oportunidades en abundancia: La IA no lo es sólo una tendencia pasajera; representa un cambio fundamental para el funcionamiento de las economías. las oportunidades generar ingresos, invertir e innovar son más accesibles que nunca. Desde las startups y el comercio electrónico hasta

el mercado laboral y sector creativo, las posibilidades son infinitas.

2. Herramientas poderosas: Aprendemos sobre varias herramientas de IA que están democratizando el acceso a conocimientos y recursos. Desde plataformas de automatización hasta algoritmos de análisis de datos, estas tecnologías pueden ayudarle identifique tendencias emergentes y optimice sus procesos negocio.

3. Cambio de mentalidad: La adopción de la IA requiere un cambio de mentalidad. Es fundamental estar dispuesto a aprender, adaptarse y explorar nuevas formas de hacer negocios y relacionarse con la tecnología. La innovación comienza con la curiosidad. y la voluntad de experimentar.

4. Educación y formación: Invierte en tu La educación y el desarrollo de habilidades relevantes son cruciales. para prosperar en un mundo impulsado por la IA. Educación continuo, ya sea a través de cursos online, talleres o experiencia la práctica, es la clave para destacar en el mercado.

5. Ética y Responsabilidad: Como Mientras navegamos por el futuro de la IA, es importante considerar las implicaciones ética de su adopción. Privacidad, seguridad y La responsabilidad social debe ser parte de cualquier estrategia empresarial. negocio. Al

convertirte en un líder responsable, puedes ayudar dar forma a un futuro en el que la IA beneficie a todos.

Un llamado a la acción

Ahora ha llegado el momento de transformar el conocimiento en acción. A continuación se ofrecen algunos consejos prácticos que le ayudarán a iniciar su viaje de enriquecimiento de IA:

1. Elija un área de enfoque: Identificar uno nicho o área de interés donde se puede aplicar la IA. podría ser en inversión, emprendimiento o creación de contenidos. Elegir una dirección clara le ayudará a centrar sus esfuerzos.

2. Pruebe las herramientas de IA: No tengo miedo de probar las diversas herramientas de inteligencia artificial disponibles. Pruebe diferentes plataformas y vea cuál se adapta mejor a sus necesidades. tus necesidades. La práctica es esencial para entender cómo funciona la IA. puede beneficiar sus actividades.

3. Construya una red de contactos: Conecte-se con personas que comparten sus intereses en IA y negocios. Participar en grupos de discusión, eventos y conferencias. EL El networking puede abrir puertas a nuevas oportunidades y colaboraciones.

4. Manténgase actualizado: El campo de la IA es en constante evolución. Reserve tiempo

regularmente para leer artículos, vea seminarios web y participe en cursos para permanecer al día sobre las últimas tendencias e innovaciones.

5. No tengas miedo de fracasar: El camino hacia el El éxito rara vez es lineal. Prepárate para enfrentar desafíos y aprender de los errores. Cada obstáculo es un oportunidad de crecer y mejorar tus habilidades.

El viaje comienza ahora

La IA ofrece un camino fascinante y lleno de oportunidades para enriquecer y transformar su vida. Al implementar las estrategias y los conocimientos analizados en este libro, se posicionará a la vanguardia en la nueva era de la economía digital. El éxito no es sólo una cuestión de suerte; Es una combinación de preparación, coraje y determinación.

Así que no esperes más. El futuro está lleno de promesas y las herramientas que necesita para alcanzar el éxito están a su alcance. Da el primer paso ahora y comienza tu viaje de enriquecimiento utilizando la Inteligencia Artificial. ¿Qué esperas? ¡El éxito te está esperando, listo para tomar!